KB041339

하루 한 줄 공부 명언 365

MAKE YOUR DREAMS COME TRUE
지친 마음에 힘이 되는

하루 한 줄 공부 명언

365

최용섭 지음

**영어 명언
원문 수록**

꿈이 있는 사람은 행복합니다.
꿈꾸는 나에게 행복한 하루를 선물하세요.

문예춘추사

인간의 의지는 약하기 그지없고 현재의 상황은 지극히 극복하기 어렵기 때문에 우리는 언제나 누군가의 조언이 필요하다. 우리 곁에서 시의적절하게 조언을 해줄 수 있는 사람이 없다면, 우리보다 앞서 살았던 위인들의 말 한마디에 기대어볼 수 있다. 그들 역시 우리와 비슷한 인생의 시련과 아픔, 고통을 모두 겪어봤을 터이기에……

이 책에는 특히 불확실한 미래에 힘들어 하는 청소년과 청년들을 위한 명언을 선별하여 실었는데, 구체적으로는 '자기 극복'을 주제로 다음의 여섯 가지 범주에 해당하는 명언들을 골랐다.

1. 방황하는 청소년 및 청년에게 마음을 다잡을 수 있도록 도움을 주는 명언

2. 꿈을 위한 노력, 인내 및 열심의 중요성을 알려주는 명언

3. 게으름을 극복하고 노력하는 마음 자세를 키워줄 수 있는 명언

4. 좌절, 막연한 걱정 및 두려움을 떨치는 데 도움을 주는 명언

5. 자존감 및 용기를 키워줄 수 있는 명언

6. 인간관계로 힘들어 하는 청소년 및 청년들에게 도움을 줄 수 있는 명언

우리나라가 OECD 국가들 중 청소년 자살률을 포함한 전체 자살률이 가장 높다는 통계는 그만큼 현재를 살아가기 힘들다는 사실을 보여주며, 단단히 마음먹지 않는다면 우리의 인생이 쉽게 불행에 빠질 수도 있다는 뜻이기도 하다. '자기 극복'을 주제로 한 이 책의 명언들을 통해 아무쪼록 진정한 자유와 행복을 찾을 수 있기를 바란다. 자유는 스스로에 대한 극복을 통해 가능하며, 이것이 습관화되면 행복의 길도 쉽게 열리기 때문이다.

지금까지 수집한 방대한 명언들 중 365개를 선정한 일차적 기준은 물론 내용이겠지만, 짧고 간결하여 외우기 쉬운 영어 명언과 함께 해당 어휘가 수능 및 토플에 빈번히 출제되는 것들로 선별했다. 여기에 나온 명언들을 외워두면 정신적인 도움은 물론이거니와 상당한 학습 효과 역시 덤으로 얻을 수 있을 것이다.

끝으로, 항상 아낌없는 사랑을 주시는 어머님을 비롯한 가족과 문예춘추사의 한승수 대표님 및 관계자 여러분에게 깊은 감사를 드린다.

미래의 비밀

The secret of your future is hidden
in your daily routine.

Mike Murdock

당신 미래의 비밀은 당신의 하루하루
판에 박힌 일상에 숨겨져 있다.
마이크 머독

당신의 미래는 당신이 현재 어떻게 생활하고 있느냐에 달려 있고, 그것을 가장 확실하게 보여주는 것이 당신의 하루하루 판에 박힌 일상이다. 반복되는 당신의 노력이 당시에는 지겨울 수 있겠지만, 당신의 밝은 미래를 보장해주는 유일한 통로이다.

daily 하루하루의 routine 판에 박힌 것, 일상

새로운 삶을 원한다면

If you do not change direction,
you may end up where you are heading.
Lao Tzu

만약 당신이 방향을 바꾸지 않는다면,
당신은 결국 지금 향하고 있는 곳으로 갈 것이다.
노자

앞으로 당신의 삶을 지금까지와는 다른 방향으로 이끌고자 한다면, 무엇보다 당신의 행동을 과거와는 다르게 바꿔야 한다. 과거와 비슷하게 행동하면서 미래는 달라질 것이라고 생각한다면, 이는 얼마나 모순된 사고인가?

---

direction 방향 end up ~으로 끝나다 head ~로 향하다

하루하루를 소중히

Spectacular achievement is always
preceded by unspectacular preparation.

Robert H. Schuller

**눈부신 성취는 언제나
특별하지 않은 준비 뒤에 온다.**
로버트 슐러

아무리 멋진 성공을 이루어낼지라도 준비하는 과정은 결코 멋
지지 않다. 힘들지만 포기하지 않고 하나하나 맡은 바 과업을 완
수해야만 위대한 성공을 맛볼 수 있다. 하루하루는 지겹고 별 볼
일 없을지라도 참고 견디는 것이 중요한데, 왜냐하면 성공은 이
러한 준비가 쌓일 때에만 모습을 드러내기 때문이다.

spectacular 눈부신, 장관의 precede 선행하다, 앞서다

실패에서 다시 실패로

Courage is going from failure to failure without losing enthusiasm.
Winston Churchill

**용기란 실패에서 실패로
열정을 잃지 않으면서 나아가는 것이다.**
윈스턴 처칠

용기란 어떤 대단한 일에 목숨을 걸고 시도하는 거창한 것일 수도 있지만, 거듭되는 실패에도 열정을 잃지 않고 꾸준히 노력하는 것 또한 매우 용기 있는 행동이다. 계속되는 실패에도 불구하고 물러서지 않고 다시 한번 부딪혀보는 사람은 그렇게 타고난 사람도 아니고 실패에 무감각한 사람도 아니다. 누구보다 큰 용기를 가진 사람만이 그렇게 할 수 있다.

enthusiasm 열정, 열의

성공은 노력이 99.9%

Experience shows that success is due
less to ability than to zeal.
Charles Buxton

경험은 성공이 능력보다 열의에
더 기인한다는 것을 보여준다.
찰스 벅스턴

어렸을 때는 공부를 열심히 하지 않아도 머리가 좋아 성적이 잘
나오지만, 고등학교 시기에 이르면 머리만 좋은 사람은 열심히
하는 사람에게 이기지 못한다. 결국 인생의 성공은 재능이 많은
사람보다는 열심히 일한 사람에게 주어진다. 하루하루 열심히
살지 않으면 아무리 재능 있는 사람도 성공하기가 힘들다.

due to ~때문에, ~에 기인하는 zeal 열심, 열의

현재의 자리를 박차고 일어서라

Man cannot discover new oceans unless
he has the courage to lose sight of the shore.
Andre Gide

해안에서 멀어지는 것을 감수할 용기가 없다면
새로운 바다를 발견할 수 없다.
앙드레 지드

새로운 삶을 살기 위해서는 과감히 지금 서 있는 땅을 박차고 일어나 더 이상 그곳에 머무르지 않을 필요가 있다. 예컨대, 친구들과 자주 만나 함께 노는 것에 익숙해져 있어도 이를 과감히 끊는 결단이 필요하다. 현재의 상황에 미련을 갖고 변화를 주저하면 당신의 삶은 결코 바뀔 수 없다.

---

lose sight of ~을 시야에서 놓다, 망각하다 shore 해변

책임에 당당해져라

It is easy to dodge our responsibilities,
but we cannot dodge the consequences
of dodging our responsibilities.

Josiah Charles Stamp

책임을 회피하는 것은 쉽지만
책임 회피의 결과를 회피할 수는 없다.

조시아 찰스 스템프

책임을 지는 일은 부담스럽고 어렵기 때문에 회피하고 싶은 마음이 드는 건 어쩌면 지극히 자연스럽다. 그러나 당신은 순간의 책임을 회피할 수 있을지라도 그 결과는 회피할 수 없다. 오히려 책임 회피의 결과는 더욱 감당하기 어렵기 때문에 처음부터 책임을 피하지 말고 당당하게 맞서서 완수해야 한다.

dodge 회피하다 responsibility 책임 consequence 결과

해가 뜨는 것처럼

Monotony is the law of nature.
Look at the monotonous manner in which
the sun rises. The monotony of necessary
occupation is exhilarating and life giving.

Mahatma Gandhi

단조로움은 자연의 법칙이다.
해가 떠오르는 단조로운 방식을 보라.
필요한 일을 단조롭게 하는 것이야말로
기운을 돋으며 생명을 부여하는 행위이다.

마하트마 간디

꼭 해야만 하는 일이라고 생각하면서도 막상 하려고 하면 그 단조로움이 버거워 뭔가 재미있는 일을 찾고 싶은 마음이 든다. 단조롭다고 해가 떠오르지 않거나 제때가 아닌 서너 시간 뒤에 떠오른다면 세상은 엉망이 되리라. 마찬가지로, 단조롭다고 당신이 해야 할 일을 하지 않는다면 당신의 삶도 엉망이 되어버린다.

---

monotony 단조로움 monotonous 단조로운 occupation 일, 직업
exhilarate 기운을 돋다, 유쾌하게 하다

끝끝내 희망은 붙들라

Never despair, but if you do,
work on in despair.

Edmund Burke

절대로 절망하지 마라. 만약 그렇다면,
절망 속에서라도 계속 일은 하라.

애드먼드 버크

아무리 힘든 상황이라도 희망을 잃지 않는 것이 중요하다. 그러나 너무 힘들어 도저히 희망을 찾을 수 없다면, 앞으로 벌어질 일은 생각하지 말고 눈앞에 놓인 일에 집중하자. 그렇게 일에 집중하다 보면 견디기 불가능하다고 생각했던 절망감을 어느새 잊어버릴 수 있고, 예상치 못했던 다른 일을 통해 새로운 희망을 품게 될 수도 있다.

despair 절망, 절망하다

인내의 근육

Patience can't be acquired overnight.
It is just like building up a muscle.
Every day you need to work on it.

Eknath Easwaran

인내를 하룻밤 새에 얻을 수는 없다.
그것은 근육을 키우는 것과 같다.
매일 계속해야 할 필요가 있다.
에크낫 이스워런

인내력은 매일매일의 인내가 모일 때 비로소 커지며 단기간 내에 급격히 키울 수 없다. 또한, 며칠은 인내하다가 며칠은 무절제한 삶을 사는 행동 역시 절대 피해야 한다. 지치지 않고 조금씩 천천히 인내심을 키우는 것 이외에 인내력을 얻을 수 있는 방법은 없다.

---

acquire 얻다 overnight 하룻밤 새에 muscle 근육

과감히 행동하라

The most drastic, and usually the
most effective remedy for fear is direct action.

William Burnham

두려움에 대한 가장 과감하고 대개 가장 효과적인
해결책은 직접적인 행동이다.

윌리엄 번햄

두려움을 없애기 위해 우리는 무엇보다 행동을 해야 한다. 행동함으로써 두려워하는 시간을 줄여 두려움을 약화시킬 수 있으며, 또한 우리가 취한 행동이 두려움의 원인을 제거할 수도 있다. 두려움은 방치할수록 우리의 의식과 영혼을 좀먹는다. 행동하자! 행동은 두려움을 정복한다.

drastic 과감한 effective 효과적인 remedy 치료약, 해결책

나만의 결단

Always do what you are afraid to do.

Ralph Waldo Emerson

언제나 당신이 꺼려하는 것을 행하라.

랩프 월도 에머슨

당신이 지금 겪고 있는 문제의 가장 큰 원인은 해결방안을 알면서도 실제 행동으로 옮기지 않은 데에 있다. 당신은 이미 무엇이 문제인지 알고 있고 어떻게 해결할 수 있는지도 알고 있다. 지금이라도 늦지 않았다. 당신이 꺼려하는 일을 지금부터라도 열심히 한다면 고민은 즉각적으로 해결될 수 있다.

afraid 두려워하여, 꺼려하여

선택은 나의 몫

Hope never abandons you,
you abandon it.

George Weinberg

**희망은 결코 당신을 버리지 않는다.
당신이 희망을 버린다.**

조지 와인버그

희망을 갖지 말라고 누구도 당신에게 강제할 수 없다. 희망을 가질지 말지는 순전히 당신의 선택에 달려 있다. 희망을 버린 채 절망에 빠져 자신과 세상을 원망할 텐가? 아니면 희망을 갖고 다시금 일어설 텐가? 당신이 선택하라.

---

abandon 버리다, 그만두다

시작은 언제나 오늘

The beginning is always today.
Mary Wollstonecraft

시작은 언제나 오늘이다.
메리 울스턴크래프트

공부건 다이어트건 시작은 언제나 결심한 바로 그때부터 행해야 한다. 무언가 결심할 때는 필요성을 절실히 느끼고 마음을 다잡는 순간이기 때문에, 그 일을 시작할 만한 충분한 에너지가 있다. 그때 바로 시작해야 한다.

beginning 시작, 처음

불굴의 의지로

Many of the great achievements of the world
were accomplished by tired and discouraged
men who kept on working.

Author Unknown

세상의 위대한 성취들 중 많은 것이 지치고
낙담되었지만 계속해서 일을 해나간 사람들에 의해 완수되었다.
작자 미상

당신이 하는 일이 좀처럼 성과가 나지 않고 해도 해도 끝이 보이
지 않더라도, 낙담하여 포기해서는 안 된다. 위인전을 읽어보라.
성공만 거듭하여 훌륭한 일을 해낸 사람이 있는가? 당신이 존경
하는 위대한 인물들 역시 당신과 비슷한 시기를 겪었고, 그 시기
를 불굴의 의지로 이겨냄으로써 비로소 역사에 이름을 남겼다.

---

achievement 업적, 성취 accomplish 완수하다 discouraged 낙담된
keep on ~ing 계속해서 ~하다

내 인생의 주인은 나

God has entrusted me with myself.

Epictetus

신은 나에게 나 자신을 맡겼다.
에픽테토스

많은 사람들이 자신의 운명을 자발적으로 남에게 맡긴다. 부모님에게 맡기기도 하고, 애인이나 친구에게 맡기기도 하며, 잘나가는 선배 또는 직장 상사에게 맡기려고 하는 사람도 적지 않다. 그들이 자신의 인생을 상당 부분 책임져줄 것이라고 기대하면서 그 대가로 그들에게 비굴하게 굴거나 알랑거리는 일을 마다하지 않는다. 그렇지만, 당신 인생의 주인은 당신일 수밖에 없으며 따라서 스스로 인생을 책임져야 한다. 타인에게 자신의 운명을 맡기는 행위의 과정은 비참하며 대부분의 경우 원망으로 끝이 난다.

---

entrust 맡기다, 위탁하다, 위임하다

크게 희생하라

He who would accomplish little must
sacrifice little; he who would accomplish
much must sacrifice much.

James Allen

작은 것을 성취하고자 하는 사람은
작은 것을 희생해야 하고, 큰 것을
성취하고자 하는 사람은 큰 것을 희생해야 한다.

제임스 앨런

큰일을 이루고자 하는 사람은 자신이 가진 보다 많은 것을 희생
해야만 한다. 이를테면, 꼴찌만 안 하면 된다고 생각하는 사람은
하루 30분만 공부해도 되겠지만, 1등을 하고 싶어 하는 사람은
하루 8시간 이상씩 공부해야 하는 것과 마찬가지로, 시간, 욕구,
쾌락 등을 보다 많이 희생해야 비로소 그 목표를 이룰 수 있다.

accomplish 성취하다 sacrifice 희생, 희생하다

조금 돌아가도 괜찮아

Failure is a detour,
not a dead-end street.

Zig Ziglar

실패는 우회로이지
막다른 길이 아니다.
지그 지글러

지난번 꼭 이루고자 했던 일이 실패로 끝났을 수도 있다. 아마도 세상이 끝난 것처럼 느껴졌겠지만, 성공 후 기대되는 평안한 길이 없어졌을 뿐이지 세상 자체가 끝난 것은 아니지 않는가? 과거 실패했던 사람들의 경우만 보더라도 포기하지 않는 한 그들의 인생이 끝나지는 않았으며, 단지 시간이 조금 지체되었거나 다른 인생 항로를 선택함으로써 결국에는 성공했다. 결코 실패를 인생의 끝이라고 여기지 말라.

detour 우회로 dead-end 막다른

죽는 날까지 배워라

If a man neglects education,
he walks lame to the end of his life.
Plato

만약 한 사람이 교육을 소홀히 한다면,
그는 생이 다할 때까지 한 발을 절며 걷는 것이다.
플라톤

아는 것이 별로 없는 사람의 눈에는 세상일이 단순하게 보이기 때문에 지식을 가볍게 생각하고, 따라서 배움 또한 별로 가치가 없다고 생각한다. 그러나 세상은 그들이 생각하는 것 이상으로 복잡하며, 복잡한 세상을 살아가기 위해 지식은 중요한 성공의 원천이 된다. 따라서 언제 어느 때건 교육을 소홀히 해서는 안 된다.

---

neglect 간과하다, 소홀히 하다 lame 절름발이의, 절룩거리는

자만이야말로 걸림돌

A conceited person never gets anywhere
because he thinks he is already there.
Author Unknown

자만하는 사람은 자신은 이미
그곳에 도달해 있다고 생각하기 때문에
결코 그곳으로 갈 수 없다.
작자 미상

사람은 자만하면 바로 그 순간부터 정체에 빠지게 되며, 겸손하면 좀 더 높은 곳으로 갈 수 있다. 자만하는 사람 자신은 이미 충분한 능력이 있다고 생각한다. 그 결과 자신의 능력만 잘 발현한다면 커다란 성공을 거둘 것이라고 여기면서 배우고자 하는 노력을 게을리한다. 겸손한 사람은 자신의 능력이 언제나 부족하다고 생각하여 능력을 갈고닦는 일을 게을리하지 않는다.

---

conceited 자만하는, 자만심이 강한

오늘을 충실히

No valid plans for the future can be made
by those who have no capacity for living now.
Alan Watts

현재를 살아갈 능력이 없는 사람들은
미래에 대한 어떤 유효한 계획도 세울 수 없다.
앨런 와츠

현재를 제대로 살아가지 못하는 사람들은 거창한 미래를 생각하며 성실하지 못한 현재의 죄책감을 피해 도피하곤 한다. 통상적으로 주어진 의무도 제대로 수행하지 않고 게으름을 피우는데, 과연 미래의 거창한 꿈을 이루기 위해 필요한 각고의 노력은 실행이 가능할까? 따라서 이는 결코 성취할 수 없는 망상이 될 뿐이다.

---

valid 유효한, 근거가 확실한 capacity 능력, 자격

현실을 직시하라

Do not imagine you can exorcise what
oppresses you in life by giving vent to it in art.

Gustave Flaubert

당신의 삶을 억누르고 있는 것을 예술로
발산하여 떨쳐버릴 수 있다는 상상조차 하지 말라.

귀스타브 플로베르

당신은 당신이 느끼는 부담감과 압박감에서 탈출하기 위해 예술적인 활동을 하거나 예술 작품을 감상할 수 있다. 물론 이를 잠시 동안 휴식의 일환으로 삼는 것은 좋지만, 너무 몰두하게 되면 좋지 않다. 그 시간 동안에는 세상이 아름답고 뭔가 인생의 중요한 점을 깨닫는 것처럼 느껴지지만, 끝나고 나면 당신은 다시 현실의 가혹함에 직면해야 한다.

exorcise (나쁜 생각, 악령 등을) 쫓아내다, 떨쳐버리다

세상은 불공정하다

Expecting the world to treat you fairly
because you are a good person
is a little like expecting a bull not
to attack you because you are a vegetarian.

Dennis Wholey

당신이 좋은 사람이라는 이유로 세상이
당신을 공정하게 대할 것이라 기대한다면
당신이 채식주의자라는 이유로 황소가 당신을
공격하지 않으리라 기대하는 것과 조금 비슷하다.

데니스 홀리

세상에는 착한 사람을 착취하려는 포악한 육식공룡과 같은 악한 사람이 적지 않다. 착하기만 하고 나약하다면 당신은 그들의 이용 대상만 될 뿐이다. 착하게 사는 것은 기본이며 이에 더해 끊임없는 성실함과 노력으로 자신만의 무기를 갖춰야 한다. 이는 초식공룡이 치명적인 뿔과 같은 무기를 갖고 있는 것과 비슷한 맥락이다.

---

treat 다루다 fairly 공정하게 vegetarian 채식주의자 bull 황소

쓸데없는 생각은 그만

The mind is ever ingenious
in making its own distress.

Oliver Goldsmith

마음은 스스로의 고민거리를 만들어내는 데 있어서
언제나 창의력이 뛰어나다.

올리버 골드스미스

가만히 앉아 고민하고 있으면 걱정이 꼬리에 꼬리를 물고 이어진다. '성적이 떨어지면 어떡하지?', '친구가 나를 싫어하는 건 아닐까?', '취직이 안 되면 무얼 먹고 살아야 하나?' 상황이 힘들 때일수록 이런 현상은 더더욱 심해진다. 그럴 때는 의식적으로 생각을 멈추고 몸을 움직여 다른 무언가를 하자. 취미 생활에 몰입하는 것도 괜찮다. 뭐든지 지금의 고민보다는 나을 테니까.

---

ingenious 창의력이 풍부한, 교묘한 **distress** 비탄, 고민거리

인내는 쓰고 결과는 달다

**Things that were hard to bear
are sweet to remember.**
Seneca

견디기 힘든 것들이 기억해보면 달콤하다.
세네카

지금 열심히 공부하여 바라는 성취를 이루게 된다면 이는 몇 년 뒤에 돌이켜볼 때 뿌듯하고 자랑스러운 기억이 된다. 그러나 현재의 달콤한 유혹에 수시로 굴복해버린다면 몇 년 뒤에는 후회로 가득 찬 쓰디쓴 기억만 남을 것이다. 오늘을 좋은 기억으로 남기기 위해서라도 최선을 다해 현재를 보내자.

bear 참다, 견디다

마음의 크기를 키워라

No matter where you go or what you do,
you live your entire life within
the confines of your head.

Terry Josephson

**어디를 가고 무엇을 하든지 간에, 당신 두뇌의
한정된 범위 안에서 당신 인생의 전부를 살아간다.**
테리 조셉슨

당신은 당신이 볼 수 있는 것만을 보는 존재다. 당신의 사고 역
량이 크다면 가만히 앉아서도 세상이 돌아가는 이치를 훤히 꿰
뚫을 수 있다. 그렇지만, 당신의 사고 역량이 지극히 한정적이라
면, 세계여행을 떠나 수많은 나라를 둘러보아도 세상을 보는 당
신의 시야는 결코 넓어지지 않는다. 당신의 인생을 변화시키기
위해 외부적인 것에 의지하지 말고, 내부에서 답을 찾으라.

---

entire 전체의, 전부의 confine 한정하다, 한계, 한정된 범위

나를 일으키는 것

Motivation is what gets you started.
Habit is what keeps you going.

Jim Rohn

동기부여는 당신을 시작하게 한다.
습관은 당신을 계속 나아가도록 한다.
짐 론

좋은 책을 읽거나 훌륭한 사람의 말을 들으면 감화를 받고 동기부여가 되는 순간이 있다. 그럴 때면 정말 열심히 하고자 하는 마음이 샘솟지만, 그것을 습관으로 받쳐주지 않는다면 단지 색다른 경험에 그치고 만다. 당신이 이루고자 하는 일을 끝까지 완수해내기 위해서는 남에 의한 동기부여만으로는 부족하고 스스로 이를 현실화할 무언가가 필요하며, 습관은 이에 대한 답이 된다.

motivation 동기부여

오늘의 기쁨을 지켜라

Worry never robs tomorrow of its sorrow,
it only saps today of its joy.

Leo F. Buscaglia

**걱정은 절대로 내일의 슬픔을 빼앗지 않으며
단지 오늘의 기쁨만을 약화시킬 뿐이다.**

레오 F. 버스카글리아

지금 하는 걱정이 내일 어떻게 풀릴지도 알 수 없을뿐더러 지금은 생각하지 못하는 것이 내일의 걱정을 해결해줄 수도 있다. 오늘은 오늘 일만 생각하고 내일의 걱정은 내일로 미루자.

---

rob 훔치다, 빼앗다 sap 활력을 없애다, 약화시키다

내 짐의 무게

God places the heaviest burden
on those who can carry its weight.

Reggie White

**하나님은 그 무게를 지탱할 수 있는
자들에게 가장 무거운 짐을 지운다.**

레지 화이트

왜 다른 사람보다 나의 짐이 훨씬 더 무거운가? 하나님께서는 당신이 어떤 사람인지 아시고, 그 짐을 짊어질 수 있는 자로 당신을 선택했기 때문이다. 또한 당신이라면 그 짐을 충분히 감당할 수 있다는 사실도 알고 계신다. 맡겨진 짐의 무게에 힘들어 포기하는 대신, 하나님이 믿으시는 자기 자신을 믿고 다시 한번 몸을 일으켜야 한다.

---

place (~위치에) 두다 burden 짐, 부담 weight 무게

집중 또 집중하라

To be able to concentrate
for a considerable time is essential
to difficult achievement.

Bertrand Russell

상당한 시간 동안 집중할 수 있는 것이
어려운 성취에 있어 필수적이다.
버트런드 러셀

어려운 책을 읽을 때 15분을 읽으면 45분 정도 쉬고 싶은 마음이 드는 것과 같이, 어려운 일에 집중하다 보면 쉽게 지쳐버리기 때문에 좀 더 자주 쉬고 싶은 생각이 든다. 그러나 성공을 위해서는 상당한 시간 동안 집중할 수 있는 능력을 기르는 것이 꼭 필요하다. 남들과 똑같이 쉬고 싶을 때 쉬고 공부하고 싶을 때만 공부하면, 남들과 똑같이 평범하게 살 수밖에 없다.

concentrate 집중하다 considerable 상당한 essential 필수적인

죽어도 좋은 일

Pray that your loneliness may spur you
into finding something to live for,
great enough to die for.

Dag Hammarskjold

당신의 외로움이 당신에게 박차를 가하여
인생을 바칠 만한, 그것을 위해 죽어도 좋을 만큼
훌륭한 어떤 것을 찾을 수 있도록 기도하라.

다그 함마르셸드

외로움을 한탄하는 대신에, 외로움을 기회로 삼아 당신이 진정
으로 원하는 일이 무엇이고, 하고 싶은 일은 무엇인지, 그리고
잘할 수 있는 일은 무엇인지 찾아보라. 그것을 찾는다면 당신의
삶은 한 단계 더 진전될 테고, 그것을 이루기 위해 힘쓰는 동안
외로움은 자연스럽게 사라진다.

pray 기도하다 loneliness 외로움 spur 박차를 가하다

자기합리화의 덫

The perils of overwork are slight
compared with the dangers of inactivity.

Thomas A. Edison

**일을 하지 않는 위험과 비교하면
과로의 위험은 경미하다.**

토머스 에디슨

열심히 살지 않는 사람일수록 지나치게 열심히 일하면 건강을 잃을 수도 있다고 생각한다. 그러면서 성공보다는 건강이 최고 라는 말을 되뇌며 게으른 자신을 합리화한다. 그러나 과로의 위 험은 일을 하지 않는 위험에 비하면 지극히 경미하다. 열심히 일 하면서도 건강을 유지할 수 있는 방법은 얼마든지 있다.

peril 위험 overwork 과로 inactivity 게으름

달콤한 열매를 위하여

Patience is bitter, but its fruit is sweet.

Jean-Jacques Rousseau

인내는 쓰나, 그 열매는 달다.

장 자크 루소

우리는 성공을 위해 노력하는 과정 역시 즐겁게 보낼 수 있기를 바라지만, 유감스럽게도 이는 희망사항일 뿐이다. 예컨대, 어떤 일이 적성에 맞아 선택했다고 해도 그 분야에서 정말 최고가 되기를 원한다면 쓰디쓴 인내의 시간이 필요하다. 달콤한 열매를 위해서 지금의 상황을 꿋꿋이 견뎌보자.

patience 인내, 참을성, 환자 bitter 쓰다

진정한 아름다움

Beauty without grace is the hook
without the bait.
Ralph Waldo Emerson

**품위 없는 아름다움은
미끼 없는 낚싯바늘이다.**
랠프 월도 에머슨

우리는 외모를 가꾸기 위해 많은 시간과 정성을 들이면서도, 교양을 채우는 데는 소홀히 하는 경우가 많다. 자신의 내면을 아름답게 하는 일이야말로 마음이 따뜻하고 진실한 사람들을 만날 수 있는 방법이다. 겉모습만 화려한 사람들에게 결국 남는 것은 자신과 비슷한 알맹이 없는 사람들일 뿐이다.

grace 품위, 우아함 hook 갈고리, 낚싯바늘 bait 미끼, 유혹(물)

스스로에게 인내심을

Have patience with all things,
but chiefly have patience with yourself.

St. Francis de Sales

모든 것에 인내심을 가져라,
그러나 무엇보다 먼저 스스로에게 인내심을 가져라.

성 프란치스코 드 살

당신은 다른 사람이 당신에게 가하는 불합리한 행동은 잘 참지만, 스스로의 욕구는 참기 어려워한다. 이는 다른 사람보다 당신 스스로를 더 가볍게 생각해서가 아닐까? 모든 것에 인내심을 가져야 하지만, 가장 크게 인내심을 가져야 하는 대상은 바로 당신 자신이다. 그렇지 않으면, 당신은 아무것도 이룰 수 없기 때문이다.

chiefly 주로, 무엇보다

외로움의 위험

The lonely one offers his hand
too quickly to whomever he encounters.

Friedrich Nietzsche

외로운 사람은 그가 우연히 만나는
누구에게라도 너무나 빨리 손을 내민다.
프리드리히 니체

외롭다고 느낄수록 사람을 만날 때에 조심해야 한다. 사람은 감정의 동물이기 때문에 마음이 우울해질 때면 누구라도 붙잡고 싶어진다. 어느 순간 어떤 사람을 만나느냐에 따라 우리의 삶이 달라지기도 하므로 사람을 사귈 때에는 어떤 경우라도 이성적으로 판단한 후 가까워질지 말지 결정해야 한다.

offer 제공하다, 내밀다 encounter 우연히 만나다, 조우하다

성숙한 인격의 힘

Growth itself contains
the germ of happiness.
Pearl S. Buck

성장 자체가 행복의 근원을 담고 있다.
펄 벅

당신의 인격적인 성장 자체가 당신이 행복할 수 있는 가장 중요한 조건이 된다. 인격적으로 성장하지 못하면 외부의 환경에 마음이 너무나 쉽게 흔들려, 조금만 안 좋은 상황이 되어도 걷잡을 수 없이 불안해지고 세상이 지옥처럼 느껴질 수 있다. 반대로, 인격적으로 성장하게 되면 남들이 가하는 행동으로부터 보다 자유로울 수 있다.

---

contain 담고 있다, 내포하다 germ 근원, 기원, 세균

별을 보는 사람

We are all in the gutter,
but some of us are looking at the stars.
Oscar Wilde

우리는 모두 시궁창 안에 있지만,
우리들 중 일부는 별들을 보고 있다.
오스카 와일드

세상은 온갖 불합리, 부정의, 그리고 모순으로 가득 차 있다. 이에 좌절하고 인생을 한탄하며 허송세월을 보내는 사람이 대부분이지만, 우리들 중 일부는 희망을 잃지 않으며 모든 어려움을 극복하고 나아가 세상을 좀 더 좋은 곳으로 바꾸고자 하는 열정을 품고 있다. 이를 위해 겪게 되는 시련이 적지 않겠지만, 마음가짐만 바꾸면 우리도 충분히 성공한 사람들의 삶을 살 수 있다.

gutter 배수로, 시궁창

거저 얻는 성공은 없다

There's no abiding success
without commitment.
Anthony Robbins

헌신 없이 오랜 기간 지속되는 성공은 없다.
앤서니 라빈스

이른바 '초심자의 행운'으로 처음 도전하는 일이지만 운이 좋아 즉각적인 성공을 거둘 때도 있다. 그러나 지속적인 성공을 위해서는 매시간 최선을 다하는 것이 필수적이다. 놀고 싶은 거 다 놀고, 하고 싶은 거 다 하면서 성공이 계속 지속되기를 기대하지 말라. 성공에는 희생이 따르며 그 희생은 결코 즐겁지 않다.

abiding 지속되는 commitment 헌신

지금 이 순간을 살라

Many of us crucify ourselves
between two thieves –
regret for the past and fear of the future.

Charles Fulton Oursler

**많은 이들은 두 도둑들 사이에서 스스로를 학대한다 –
과거에 대한 후회와 미래에 대한 두려움.**

찰스 아워슬러

우리의 행복을 빼앗는 두 도둑, 과거에 대한 후회와 미래에 대한 두려움이다. 이 둘은 남이 강제하지 않아도 자기 스스로 가하는 것이다. 이 두 도둑을 잡기 위해서는 현재에 집중하고 바로 지금 이 순간에 온 힘을 다하는 것뿐이다. 과거나 미래에 얽매이면 정작 아무것도 이룰 수 없으며 불행한 현재만을 살게 되기 때문이다.

---

crucify 학대하다 thief 도둑 regret 후회

위대해지기까지는

No life ever grows great until it is focused,
dedicated and disciplined.

Harry Emerson Fosdick

집중되고, 헌신되며, 단련되기 전까지
어떠한 삶도 결코 위대하게 되지 않는다.

해리 에머슨 포스딕

위대한 삶은 자신의 나약함을 극복하는 삶이다. 집중해서 무언가를 하고, 그 일에 자신의 모든 것을 바치며, 실패에도 굴하지 않고 스스로를 단련하는 삶을 살 때 그 삶은 위대하다고 불릴 수 있다. 세상에 태어나 자신만의 어떤 것도 이룩하지 못한 채 죽는다면 얼마나 허망한가. 자신만의 무언가를 만들기 위해서는 집중과 헌신, 단련이 반드시 필요함을 명심하자.

focus 초점, 집중하다 dedicate 헌신하다 discipline 단련하다

거짓말의 생리

Lies are usually
caused by undue fear of men.

Hasidic Proverb

**거짓말은 대개 사람들에 대한
과도한 두려움에 의해 야기된다.**
유대교 속담

잘못을 저지르고 난 후 사실을 말하면 감당할 수 없는 비난을 들을 것 같아 거짓말로 순간을 모면하려는 경우가 종종 있다. 그러나 거짓말을 하면 들킬 위험 때문에 두렵고, 거짓말이 꼬리에 꼬리를 물게 되는 경우가 많아 이는 더 큰 걱정거리가 된다. 또, 막상 사실대로 말해도 비난을 듣지 않을 수도 있다. 상대방 역시 잘못을 저지르는 불완전한 인간이기에…….

---

undue 적절하지 않은, 지나친

즉각 떨쳐 일어나라

Prolonged idleness paralyzes initiative.
Author Unknown

오래 끄는 나태함은 진취성을 마비시킨다.
작자 미상

진취적인 생각과 마음으로 무언가 새롭게 변화하려는 결심이 굳건히 서도 그 실행을 계속 미루다 보면, 어느덧 그 진취성은 마비되어 무기력이 엄습해올 수 있다. 결심이 서면 곧바로 시작해야 하며 오직 그럴 때에만 바라고자 하는 것을 현실로 구체화할 수 있다. 당신이 어떤 사람이건 어떤 생각을 하건, 즉각적인 행동을 취하지 않으면 당신은 아무 일도 할 수 없다.

---

prolong 연장하다, 오래 끌다 idleness 나태함 paralyze 마비시키다
initiative 진취성, 창의성

좋은 친구를 선택하라

Life is partly what we make it, and partly
what it is made by the friends we choose.

Tennessee Williams

인생의 일부는 우리가 만들어 나가는 것이고,
일부는 우리가 선택한 친구들에 의해 만들어지는 것이다.

테네시 윌리엄스

삶을 되돌아보면 우리 스스로 뭔가를 찾은 것도 있고, 친구들에 의해 찾은 것도 있다. 특히 후자의 경우 어떤 친구인가에 따라 그 양상이 달라진다. '원래는 공부를 잘했는데, 친구를 잘못 만나 인생을 망쳤다'라는 후회의 말들을 많이 하지만, 무엇보다 그 친구를 선택한 사람은 바로 자신이라는 사실을 잊어서는 안 된다.

---

partly 부분적으로 choose 선택하다, 고르다

불안이 병이다

Minds that are ill at ease
are agitated by both hope and fear.

Ovid

**불안해서 안절부절못하는 마음들은
희망과 두려움 둘 다로부터 동요된다.**

오비디우스

불안을 가만히 놔두면 이내 세상 모든 일이 불안하게 느껴진다. 좋은 일이 일어날 것 같으면 '과연 잘될까? 혹시 그러다가 또 잘 못되지는 않을까?'라며 불안하고, 안 좋은 일이 생길 것 같으면 '정말 그렇게 되면 어떡해야 하나?'라는 걱정으로 잠을 못 이룬다. 불안에 빠지면 끝이 없다. 스스로 의연하게 불안을 떨쳐버리려 노력하자.

ill at ease (불안해서) 안절부절못하다 agitate 동요하다

능력으로 인정받아라

Instead of worrying about what people
say of you, why not spend time trying
to accomplish something they will admire.

Dale Carnegie

사람들이 당신에 대해 하는 말을
두려워하는 대신, 그들이 감탄할 어떤 것을
이룩하도록 노력하는 데에 시간을 쓰면 어떨까?

데일 카네기

배우 장근석은 과거 '허세 근석'으로 알려지면서 상당한 스트레스를 겪었다고 한다. 그러다가 어느 순간 자신이 잘할 수 있는 어떤 것을 뛰어나게 잘하면 새롭게 인정받으리라 생각하여 연기 연습에 집중적으로 매진했다. 이후 최고의 한류스타로 자리매김하면서 '허세 근석'이라는 타이틀도 사그라졌다고 한다. 사람들이 당신에 대해 하는 이런저런 말을 두려워할 시간에 자신의 능력을 최대치로 이끌기 위해 노력하라. 그러면 모든 일이 해결된다.

spend (시간, 돈 등을) 쓰다 accomplish 이룩하다 admire 감탄하다

현명하게 대처하라

It's not what happens to you,
but how you react to it that matters.

Epictetus

문제는 당신에게 일어나는 것이 아니라,
그것에 당신이 어떻게 반응하느냐이다.

에픽테토스

당신은 세상을 살아가면서 여느 사람과 같이 모든 희로애락을 겪어야 할 운명에 놓여 있다. 당신에게 발생하는 모든 일에 당신이 어떻게 반응하느냐에 따라 당신의 삶이 결정된다. 조그마한 문제에도 쉽게 좌절하여 포기해버리면 당신은 불행한 결말을 맞게 되고, 힘든 문제에도 인내심을 가지고 현명하게 대처해나가면 행복한 결말을 맞게 된다.

react 반작용하다, 반응하다

용서의 깊이

We pardon to the extent that we love.

François de la Rochefoucauld

우리는 우리가 사랑하는 정도만큼 용서한다.
프랑수와 드 라 로슈푸코

우리는 어떤 한 사람을 사랑하면 큰 잘못을 저질러도 쉽사리 용서하고, 반대로 미워하면 작은 잘못을 해도 결단코 용서하지 못한다. 우리가 용서하지 못하는 이유는 그 사람의 죄가 용서할 수 없을 만큼 커서가 아니라, 우리에게 용서할 마음 자체가 없기 때문은 아닌지 곰곰이 생각해봐야 한다.

---

pardon 용서하다 to the extent that ~하는 정도로

힘껏 사랑하라

We are each of us angels with only one wing, and we can only
fly by embracing one another.

Lucretius

단지 우리는 각자 하나의 날개만을 가진 천사들이며,
우리는 오직 서로 껴안음으로써 날 수 있다.

루크레티우스

우리는 선한 마음을 가지고 태어난 천사와 같은 존재이지만 혼
자서는 우리의 본모습을 제대로 펼칠 수 없는 불완전한 존재다.
오직 사랑을 통해서만 완전한 천사의 모습을 갖출 수 있고, 그럴
때에만 마음껏 날아오를 수 있다. 그러니 사랑하라. 그 사랑은
연인과의 사랑이 될 수도 있고, 가족에 대한 사랑, 나아가 세상
에 대한 사랑이 될 수도 있다.

embrace 껴안다, (기꺼이) 맞이하다

할 수 있다고 믿어라

Men often become what they believe themselves
to be. If I believe I cannot do something,
it makes me incapable of doing it. But when I
believe I can, then I acquire the ability to do it

Mahatma Gandhi

사람은 스스로 믿는 대로 된다. 만약 어떤 것도
할 수 없다고 믿으면, 그 믿음은 아무것도 할 수
없도록 만든다. 그러나 내가 할 수 있다고 믿으면
어떤 일이든 할 수 있는 능력을 얻게 된다.

마하트마 간디

할 수 있다고 믿으며 일하는 것과 해도 안 될 거라는 생각으로
일하는 것은 천양지차다. 할 수 있다는 믿음을 가지고 당신의 온
힘을 쏟으면 지금까지 스스로에게서 발견하지 못한 새로운 능
력을 비로소 발견할 수도 있고, 처음엔 능력이 없었다 하더라도
최선을 다하는 과정을 통해 그 능력을 얻을 수 있게 된다.

incapable 할 수 없는 acquire 얻다 ability 능력, 재능

너무 늦은 때는 없다

It's never too late,
in fiction or in life, to revise.
Nancy Thayer

**소설에서나 현실에서나 정정하기에
너무 늦은 때란 결코 없다.
낸시 테이어**

당신이 살아 있는 한 당신이 저지른 잘못을 되돌릴 수 있는 기회는 반드시 주어진다. 당신이 저지른 잘못으로 남이 피해를 봤다면 그 사람에게 용서를 구할 기회는 언젠가 찾아올 것이다. 또한, 당신이 저지른 잘못으로 인생이 무너지고 있다면 새로운 마음으로 다시 시작하라. 책이나 뉴스를 보면 당신보다 더 나락으로 떨어졌던 사람들도 멋지게 재기하지 않았던가? 당신도 그렇게 할 수 있다.

---

fiction 소설, 허구 revise 정정하다, 고치다

내가 알고 있는 것

If my mind can conceive it,
and my heart can believe it,
I know I can achieve it.

Jesse Jackson

나의 머리가 생각해낼 수 있고,
나의 마음이 그것을 믿는다면
나는 이를 성취할 수 있다는 것을 알고 있다.

제시 잭슨

우리는 무의식적으로 할 수 있다고 여기는 것만을 스스로 '할 수도 있겠다'라고 생각한다. 거기에 우리의 마음이 그 가능성을 확실히 믿는다면 우리가 그것을 성취하지 못할 리 없다. 남은 것은 스스로를 채찍질하여 그것을 현실화하는 일이다.

conceive 생각해내다, 마음에 품다 achieve 성취하다

나만의 가치

You cannot change the circumstances,
the seasons, or the wind, but you can
change yourself. That is something you have.

Jim Rohn

당신은 환경, 계절, 또는 바람을 바꿀 수 없으나
당신 자신을 바꿀 수 있다.
그것은 당신이 가지고 있는 가치 있는 어떤 것이다.

짐 론

당신은 당신 주위의 환경을 단번에 바꿀 수는 없지만, 당신 자신을 바꿈으로써 간접적으로 그것을 당신에게 이롭도록 바꿀 수는 있다. 그렇게 당신 자신을 바꿀 수 있다면 당신의 운명 또한 바꿀 수 있는 것이다. 당신이야말로 당신 자신의 주인이고 당신의 운명을 책임질 유일한 존재이다.

---

circumstance 환경, 상황 season 시기, 계절

두려움은 힘이 없다

Excessive fear is always powerless.

Aeschylus

과도한 두려움은 언제나 무력하다.

아이스킬로스

두려움이 지나치면 몸과 마음이 위축될 수밖에 없기 때문에 본연의 능력을 발휘하지 못하게 되고 결국 우리는 무력하게 된다. 아무리 재능 있는 선수라도 실수하지 않을까 하는 두려움이 과도하면 제대로 실력을 펼칠 수 없듯이 말이다. 아무리 기회가 좋고 능력이 있어도 마음이 약하다면 아무것도 이룰 수 없다는 점을 명심하자.

excessive 과도한, 지나친

크게 생각하라

If you're going to be thinking anyway,
think Big!
Donald Trump

**어쨌든 당신이 생각할 것이라면,
크게 생각하라!**
도널드 트럼프

그릇이 커야 큰 성공을 거둘 수 있다는 말을 종종 듣는다. 그릇이 크다는 말은 다름 아닌 생각의 크기가 큰 것을 뜻한다. 역사를 보더라도 큰 성공을 거둔 사람들은 주변 사람들이 감히 생각하지 못했던 꿈을 꾸고 또 그 꿈을 이루고자 헌신했다. 생각을 크게 한다고 누가 세금을 물리는 것도 아니니 기왕 생각할 것이라면 크게 하자.

어떤 유혹에도 흔들림 없이

Everything tempts
the man who fears temptation.
French Proverb

유혹을 두려워하는 자에게는
모든 것이 유혹한다.
프랑스 속담

게임에 중독되면 어떡하지? TV를 너무 자주 보면 어떡하지? 인 터넷만 붙잡고 있으면 어떡하지? 등 유혹 자체를 두려워하는 경 우가 종종 있다. 그런데, 이렇게 유혹에 빠질까 두려워하다 보면 온 세상이 유혹 천지다. 이런 마음은 자신의 나약함을 스스로 엄 하게 꾸짖지 않고, 나약함과 타협하여 어느 정도 용인하려고 하 기 때문에 생긴다. 마음을 강하게 먹고 유혹을 단호하게 끊어버 리자.

temp 유혹하다 temptation 유혹

섣부른 환상

We are inclined to believe those
whom we do not know
because they have never deceived us.

Samuel Johnson

우리는 우리가 모르는 사람들을 믿는 경향이 있다.
왜냐하면 그들은 결코 우리를 속인 적이 없기 때문이다.

사뮤엘 존슨

다른 지역 또는 다른 문화에 속한 사람들에 대해 막연한 환상을
갖는 것도 같은 이유이다. 이는 특히 인간관계에서 상처를 많이
받았던 경우에 더욱 심하다. 그렇지만 나쁜 선입관과 마찬가지
로 좋은 선입관 역시 삼가야 한다. 오랜 시간을 두고 많은 대화를
통해, 스스로 가능한 객관적으로 판단한 후 마음을 열어야 한다.

inclined to ~하는 경향이 있다 deceive 속이다

나에게 돌아오는 친절

He who distributes the milk
of human kindness cannot help
but spill a little on himself.

James M. Barrie

인정 어린 친절의 우유를 나누어주는 사람은
스스로에게 조금 흘릴 수밖에 없다.

제임스 M. 베리

'꽃들은 그들 향기의 일부를 그것을 주는 손에 남긴다'라는 중국 속담과 같이, 친절을 베풀면 친절을 받는 대상뿐만 아니라 친절을 베푸는 본인 역시 은혜를 받는다. 친절한 마음이 쌓여 좀 더 성숙한 인격으로 성장할 수도 있고, 아니면 아무런 대가를 바라지 않았지만 결국 자신에게 예기치 않은 복이 찾아올 수도 있다. 그러므로 주저하지 말고 친절을 베풀라.

distribute 나누어주다, 분배하다 spill 흘리다

우정은 진실하게

The vulgar crowd values friends
according to their usefulness.

Ovid

저속한 많은 사람들은 친구를
그들의 유용함에 따라 평가한다.
오비디우스

우리는 친구를 유용함에 따라 판단하는 것을 스스로 경계해야
한다. 친구를 사귀는 기준이 그 사람과 가치관이 비슷하거나 성
격이 서로 맞거나 나아가 배울 점이 많다거나 하면 더욱 좋다.
그 사람을 친구로 사귀면 내게 이롭겠다는 생각으로는 진정한
우정을 만들어 나갈 수 없다. 반대로, 유용함 때문에 접근하는
저속한 사람들 또한 경계해야 한다.

vulgar 저속한 crowd 군중, 많은 사람들 usefulness 유용함

먼저 나를 사랑하라

It is lack of love for ourselves that inhibits
our compassion toward others. If we make friends
with ourselves, then there is no obstacle
to opening our hearts and minds to others.

Pema Chodron

타인을 향한 연민을 억제하는 것은 스스로에 대한
사랑의 부족에 기인한다. 만약 우리 자신과 친구가
될 수 있다면, 그때는 타인에게 우리의 가슴과
마음을 여는 데에 어떠한 장애도 없을 것이다.

페마 쇼드롱

스스로에 대한 사랑이 모든 사랑의 출발점이다. 타인뿐만 아니
라 자신에게도 마음을 열어야 하며, 자신과 진정한 친구가 되어
야 다른 사람과도 진정한 친구가 될 수 있다. 반대로, 자기혐오
는 세상을 향한 문을 스스로 닫아버리기 때문에 지극히 경계해
야 한다.

---

inhibit 금하다, 억제하다 compassion 연민, 동정(심) obstacle 장애(물)

목표부터 세워라

Goals help you channel your energy
into action.

Les Brown

**목표는 당신의 정력을 행동으로
돌리는 데 도움을 준다.**

레스 브라운

만약 당신이 방황하고 있다면 가장 시급히 해야 할 일은 목표를
세우는 것이다. 또한, 막연한 목표만을 가지고 있다면 이를 좀
더 구체적으로 다듬어야 한다. 목표를 명확히 세우는 것만으로
도 당신이 가지고 있는 잠재력이 보다 잘 발현될 수 있다. 이는
당신을 보다 에너지 넘치는 사람으로 만들고, 보다 적극적으로
행동하게 만들기 때문이다.

goal 목표, 목적 channel 경로, 일정 방향으로 돌리다

크게 전진하는 삶

Winners compare their achievements
with their goals, while losers
compare their achievements
with those of other people.

Nido Qubein

승리자들은 그들의 성취를 그들의 목표와 비교하며,
패배자들은 그들의 성취를
다른 사람들의 성취와 비교한다.
니도 쿠베인

자신이 이루고자 하는 목표를 세우고 그 목표를 향해 한 걸음씩
전진하는 삶을 살아야 한다. 그럴 때만 다른 사람의 비난이나 칭
찬에 흔들리지 않고 꾸준히 앞으로 나아갈 수 있다. 승리자들은
그렇게 자신의 잠재력을 극대화해왔다. 패배자들은 남을 과도하
게 인식하여 자신의 잠재력이 발현되는 한계까지도 다른 사람
의 성취에 기준을 두다 보니 최고의 모습을 결코 드러낼 수 없다.

winner 승리자 achievement 성취, 성과 goal 목표 compare 비교하다
loser 패배자

결코 멈추지 마라

Success seems to be connected with action.
Successful people keep moving.
They make mistakes, but they don't quit.
Conrad Hilton

성공은 행동과 관련이 있는 듯하다.
성공적인 사람들은 계속 움직인다.
그들은 실수를 저지르지만, 중단하지 않는다.
콘라드 힐튼

성공에 이르는 길은 여러 가지가 있겠지만, 성공하는 사람들에게서 공통적으로 발견되는 특징은 쉬지 않고 계속 무언가를 생각하며 지치지 않고 이를 행동으로 옮긴다는 점이다. 물론 실수도 많고 실패도 겪겠지만 여기에 굴하지 않고 계속 움직인다. 또한, 어느 정도의 성공을 거둔 후에도 더 큰 성공을 위해 계속 움직인다. 가만히 생각만 하고 있는 사람이 성공한 경우는 결코 없다.

---

connect 연결하다, 관련짓다 quit 멈추다, 중단하다

어머니의 인내

The patience of a mother might be likened to
a tube of toothpaste, it's never quite all gone.

Author Unknown

어머니의 인내는 치약의 튜브와 비유할 수 있어서,
완전히 다 소진되는 경우란 절대 없다.

작자 미상

어머니의 인내는 끝이 없다. 자식이 아무리 속을 썩여도 인내하면서 언제나 사랑을 주신다. 잘잘못을 따져 '나를 힘들게 했으니 이제 사랑을 조금만 주겠다'라고 하는 경우는 없다. 물론 당장에는 화를 내는 경우도 있겠지만, 다른 사람이면 절대 참지 못할 때조차 자식에 대한 사랑을 끝끝내 놓지 않는다.

liken 비유하다 toothpaste 치약

이루지 못할 것은 없다

That some achieve great success,
is proof to all that others can achieve it as well.

Abraham Lincoln

누군가가 거대한 성공을 이루어냈다는 것은,
다른 사람들 또한 그것을 이루어낼 수 있다는 증거이다.
에이브러햄 링컨

나폴레옹의 롤모델은 케사르였고, 케사르의 롤모델은 알렉산더 대왕이었다고 한다. 위대한 인물들 역시 앞선 생을 살아간 위대한 인물들을 본받고 싶어 했다. 누군가가 커다란 성공을 이루었다는 것은 당신 역시 할 수 있다는 증거가 된다. 당신 역시 다른 누군가가 존경하고 본받고자 하는 인물이 될 수 있다는 믿음을 갖고 생을 살아가야 한다.

achieve 이루다, 성취하다 proof 증거 as well 역시, 또한

칼날에 베이지 않도록

Mishaps are like knives,
that either serve us or cut us,
as we grasp them by the blade or the handle.

James Russell Lowell

불운은 칼과 같이 칼날을 잡느냐
손잡이를 잡느냐에 따라 우리에게 도움이
될 수도 우리를 벨 수도 있다.
제임스 로웰

불운은 별로 크지 않은 불행을 뜻한다. 그런데 우리들 중 많은 사람이 겨우 불운에 좌절하며, 거기에서 멈추고 포기해 스스로를 불행의 나락으로 밀어 넣어버린다. 이와 반대로, 불운을 초래한 원인을 냉철하게 따져 보고 이를 반복하지 않기 위한 합당한 조치들을 취해나간다면, 그 불운은 행운의 디딤돌이 될 수도 있음을 명심하자.

---

mishap 불운 serve 돕다, 섬기다 grasp 꽉 잡다, 쥐다 handle 손잡이
blade 칼날

사실과 진실

Everything we hear is an opinion,
not a fact. Everything we see
is a perspective, not the truth.

Marcus Aurelius

우리가 듣는 모든 것은 의견이지, 사실이 아니다.
우리가 보는 모든 것은 관점이지, 진실이 아니다.

마르쿠스 아우렐리우스

당신이 무언가를 판단하고자 한다면, 당신이 직접 조사하라. 정보와 지식은 매개를 통해 우리에게 전달되는데 그 매개체가 자신들의 이익에 맞게 해당 정보와 지식을 가공하거나, 확대, 축소하는 경우가 적지 않다. 또한 매개체의 능력은 전지전능하지 않으므로 언제나 잘못을 범할 우려가 있다. 이를테면, 한 경제 전문가의 현 경제 상황에 대한 의견은 객관적인 사실이 아닌 전문가 자신의 의견일 뿐이다.

opinion 의견, 견해 fact 사실, 실제 perspective 관점, 전망

용서의 힘

He who is devoid of the power to forgive,
is devoid of the power to love.
Martin Luther King, Jr.

**용서하는 힘이 결여된 사람은,
사랑하는 힘도 결여되어 있다.**
마틴 루터 킹 주니어

용서와 사랑은 불가분의 관계이다. 남을 쉽게 용서하지 못하는 성격이라면 자신의 사랑의 크기가 작지는 않은지 고민해봐야 한다. 거꾸로 사랑이 많은 사람은 용서의 능력도 큰 사람이다. 자신의 사랑의 역량을 키우기 위해서라도 남을 용서할 수 있어야 한다. 훗날 정말 좋은 사람을 만나서 사랑할 때를 위해 사랑의 크기를 키우자. 그리고 이를 위해 용서하자.

devoid 결여된, 부족한 forgive 용서하다

성공은 실패를 딛고 오는 것

A man may fall many times
but he won't be a failure until
he says that someone pushed him.

Elmer G. Letterman

사람은 여러 번 넘어질 수 있지만, 누군가가 그를
밀었다고 말하기 전까지 그는 실패자가 아닐 것이다.

엘머 G. 레터맨

우리는 실패를 통해 성장하고 마침내 성공을 거둘 수 있는 존재
이다. 따라서 자신의 실패를 남의 탓으로 돌리는 행동은 우리의
인생을 영원한 실패로 가두는 크나큰 잘못이다. 왜냐하면, 다른
사람에게 실패의 책임을 미루면 실패를 통해 배우는 것 자체가
불가능하고 스스로 성장할 수 없기 때문이다.

---

fall 넘어지다, 떨어지다 failure 실패, 실패자 push 밀다

역경의 가르침

There is no education like adversity.

Benjamin Disraeli

역경만 한 교육은 없다.

벤저민 디즈레일리

역경은 사람을 깨우쳐 기존의 틀을 깨부수도록 하는 힘이 있다. 역경 없이 인생이 평탄하기만 하다면 그 사람은 어떤 중요한 일도 하지 않고 별 의미 없는 인생을 살아왔다고 여겨도 무방하다. 역경이 없었다는 것은 어려운 것을 향한 도전 역시 없었다는 말이나 마찬가지고, 또한 역경이 없다면 사람은 쉽게 거만해져 자신의 현재에만 만족하게 된다. 사람은 스스로 반성하고 고쳐나가는 존재이기 때문에 역경만큼 우리에게 큰 가르침을 주는 것은 없다.

---

adversity 역경, 불운

흔하지 않은 것은?

Good ideas are common.
what's uncommon are people
who'll work hard enough to bring them about.

Ashleigh Brilliant

좋은 아이디어들은 흔하다. 흔하지 않은 것은
그것들을 실현시키기에 충분할 만큼
열심히 일할 사람들이다.

애슐레이 브릴리언트

기발한 아이디어는 누구에게나 심심치 않게 떠오른다. 그렇게 떠오른 아이디어로 사업을 하면 커다란 성공을 거둘 수 있을 것 같지만 실제 이를 실천에 옮기는 사람은 적으며, 성공할 수 있을 만큼 피땀 흘려 열심히 일하는 사람은 더더욱 적다. 좋은 아이디어를 가지고 있다고 곧 성공에 이를 수 있다는 착각은 하지 마라. 그것은 성공을 위한 아주 작은 단초에 지나지 않는다. 모든 것은 당신의 인내와 노력에 달려 있다.

common 흔한 uncommon 흔하지 않은 bring about 야기하다, 실현시키다

꿈을 방해하지 마라

You block your dream when you allow
your fear to grow bigger than your faith.
Mary Manin Morrissey

두려움이 믿음보다 크게 자라도록 허용함으로써
당신은 당신의 꿈을 방해한다.
메리 매닌 모리시

믿음은 가만히 놔두면 줄어드는 반면, 두려움은 가만히 놔두면 점점 더 커지는 특성이 있다. 처음엔 믿음이 두려움보다 훨씬 더 크더라도 그대로 두면 점점 두려움이 커져서 결국 믿음을 압도하게 된다. 그렇게 되면 당신이 이루고자 하는 꿈은 결코 현실이 될 수 없다. 매일매일 믿음을 더 굳건하게 하려는 의식적인 노력이 반드시 필요하며, 믿음이 굳건해질 때 두려움은 자연스럽게 사라진다.

block 장애물, 방해하다 allow 허용하다

나의 주인은 바로 나

Nobody can hurt me without
my permission.

Mahatma Gandhi

누구도 나의 허락 없이 나를 상처 줄 수 없다.
마하트마 간디

내 자신의 운명뿐만 아니라 행복 역시 내가 결정한다. 나를 상처 주려는 다른 사람의 비난에 내가 상처받는 순간 그 사람의 의도 대로 되는 것이다. 다른 사람이 가하는 근거 없는 비난이 정당하지 못하다고 생각하면 과감히 무시해버리자. 사랑 또는 우정의 배신 역시 마찬가지다. 자기 자신을 책망하거나 분노로 스스로를 다치게 해서는 안 된다.

permission 허락, 허가

비록 거스를지라도

When everything seems to be going
against you, remember that the airplane
takes off against the wind, not with it.

Henry Ford

모든 것이 당신에게 불리하게 돌아가고 있는 듯
보일 때, 비행기는 바람과 더불어가 아닌
바람을 거슬러 이륙한다는 것을 기억하라.

헨리 포드

평탄한 삶만 계속되는 인생은 성장의 기회를 주지 않는다. 포드
사를 설립하여 세계 최대의 자동차 회사 중 하나로 만든 헨리 포
드의 인생에도 역경의 시기가 물론 있었다. 모든 것이 그에게 불
리하게 돌아가고 있는 듯이 보였지만, 그는 그 모든 역경을 극복
하고 또한 그 과정을 통해 배움으로써 포드사를 최고의 기업으
로 만들었다.

---

take off 이륙하다

결국 중요한 것은 인내

In the realm of ideas everything
depends on enthusiasm,
in the real world all rests on perseverance.

Johann Wolfgang von Goethe

**발상의 영역에서는 모든 것이 열정에 달려 있다.
실제 세계에서는 모든 것이 인내에 달려 있다.**

요한 볼프강 괴테

열정이 크다면 새로운 아이디어가 불쑥불쑥 샘솟을 수 있으나,
인내가 없다면 아무리 뛰어난 아이디어라도 결코 현실화할 수
없다. 에디슨이 전구에 대한 아이디어를 떠올리는 데에는 그리
많은 시간이 걸리지 않았지만, 이를 직접 현실화하는 데에는 수
많은 시행착오가 있었고 그는 그 모든 과정을 인내로 견뎌냈다.

---

realm 왕국, 범위, 영역 enthusiasm 열정, 열의 perseverance 인내(력), 참을성

꾸준한 정진으로

Ambition is the path to success.
Persistence is the vehicle you arrive in.
Bill Bradley

야망은 성공으로 가는 길이다.
인내는 그곳에 이르기 위한 수단이다.
빌 브래들리

작은 소망이 아닌 큰 꿈, 즉 야망을 가져야 당신이 가진 모든 잠재력을 이끌어낼 수 있고 따라서 그럴 때에만 최선을 다하는 모습을 보일 수 있다. 그러나 하루 이틀만 그렇게 최선을 다한다면 당신이 이루고자 하는 야망은 결코 실현되지 못하리라. 하루 이틀이 아닌 몇 달, 몇 년을 쉬지 않고 꾸준히 정진할 때에 비로소 당신의 그 가슴 뛰는 야망은 실현될 수 있다.

ambition 야망 path 길 vehicle 탈 것, 교통수단

제발 불안하지 않게

Neither comprehension nor learning
can take place in an atmosphere of anxiety.
Rose Kennedy

이해도 학습도 불안의 분위기에서는
일어나지 않는다.
로즈 케네디

마음이 불안하다면 두뇌가 정상적으로 작동하지 못하여 이해도 학습도 불가능하기 때문에 책상 앞에 앉아 있는 것이 시간 낭비에 지나지 않는다. 책을 아무리 붙잡고 있어도 머릿속에는 오만가지 생각이 꼬리에 꼬리를 물고 이어져 아무런 학습 효과도 나지 않기 때문에, 그럴 때는 먼저 불안한 마음을 떨쳐버리도록 하자. 기도나 명상 등의 방법이 효과가 있을 것이다.

comprehension 이해, 터득 take place 일어나다, 발생하다
atmosphere 분위기 anxiety 불안

최악의 것

What is the worst that can happen?
Then prepare to accept it.
Then proceed to improve on the worst.
Dale Carnegie

일어날 수 있는 최악의 일은 무엇인가?
그다음 그것을 받아들일 각오를 하라.
그러고 나서 그 최악의 것을 계속해서 개선하라.
데일 카네기

인생에서 중요한 선택을 할 때 실패가 두렵다면 최악의 경우를 생각해보는 편이 도움이 된다. 이번 수능에 실패하면? 재수를 할 수도 있고, 여의치 않다면 군대를 다녀온 후 다시 수능에 도전하거나 당분간 일을 하고 난 후 다시 도전할 수 있다. 그래도 인생이 끝나는 것은 아니지 않는가? 최악의 경우를 받아들일 각오를 하고 나면, 마음이 한결 가벼워진다. 눈에 보이지 않는 불안을 구체화하면 사실 별것 아니기 때문이다.

---

prepare 준비하다, 각오하다 proceed 전진하다, 계속하다

나의 크기는 생각보다 크다

No one knows what he can do until he tries.

Publilius Syrus

노력하기 전까지는 누구도 그가
무엇을 할 수 있을지 모른다.

푸블릴리우스 시루스

삶이 주는 힘겨운 고난에 좌절하여 무기력하게 지내고 있는 당신은 당신의 진정한 가치를 발견하지 못하고 있는 것이다. 당신이 가지고 있는 능력과 당신이 세상에서 할 수 있는 일의 크기는 생각하고 있는 것보다 훨씬 크다. 스스로를 과소평가하지 말라. 하물며 당신보다 못한 사람도 성공하여 떵떵거리며 잘 살고 있지 않은가? 마음을 다시 가다듬고 몸을 일으켜라.

try 시도하다, 시험하다, 노력하다

저절로는 없다

Things do not happen.
Things are made to happen.

John F. Kennedy

일들은 (저절로) 일어나지 않는다.
일들은 일어나도록 행해진다.
존 F. 케네디

가만히 보고 있자면 세상일이 마치 힘겨운 수고 없이 저절로 발생하고 있는 것처럼 느껴진다. 건물은 올라가고 기차는 정시에 출발한다. 주변의 친척은 중학생이었다가 고등학생이 되고, 곧 대학생이 된다. 그러나 이 모든 일은 자연적으로 일어나는 것이 아니라 인내와 노력의 소산이다.

happen 발생하다, 일어나다

고난이 재능을 캐낸다

Adversity has the effect of eliciting talents,
which in prosperous circumstances
would have lain dormant.

Horace

고난은 번영의 상황에서 잠들어 있는
재능들을 이끌어내는 효과가 있다.
호라티우스

《토지》를 쓴 박경리 작가는 원래 글쓰기를 좋아했으나 본격적으로 소설을 집필하기 시작한 이유는 가난 때문이라고 한다. 일을 대충대충 하거나 취미 생활로 여유를 부리면서 한다면 자신의 모든 재능이 극대화될 수 없다. 그것이 아니면 생활 또는 생존이 불가능하기 때문에 잠자는 시간까지 줄여가면서 열심히 최선을 다하게 되고, 그때야말로 비로소 자신의 진정한 능력이 발현된다.

---

adversity 고난, 역경 elicit 이끌어내다 circumstance 상황 talent 재능
prosperous 번영하는 dormant 잠자는, 잠복된

고난을 적극 즐겨라

Great men rejoice in adversity,
just as brave soldiers triumph in war.

Seneca

위대한 인물들은 고난을 즐긴다.
마치 용감한 군인들이 전쟁에서의 승리를 기뻐하듯이.
세네카

위인전을 읽어보면 알 수 있듯이, 고난이 없다면 훌륭한 인물 또한 될 수 없다. 고난이 자신의 인생을 망친다고 여기지 말고, 성장의 기회로 삼으며 그 과정을 즐겨라. 고난을 극복해나가는 과정에서 자신의 진정한 능력을 발견하고 또 이를 성장시킬 수 있을 것이다. 고난은 당신의 가치를 세상에 드러낼 기회를 제공하기 때문에 이를 적극적으로 활용해야 한다.

rejoice 기뻐하다 triumph 승리하다

과녁을 만들라

Many people flounder about in life
because they do not have a purpose,
an objective toward which to work.

George Halas

많은 사람들이 인생에서 발버둥 치지만
실패만 하는 이유는 목적,
즉 이루고자 하는 목표가 없기 때문이다.

조지 할라스

주위를 보면 많은 사람들이 발버둥 치며 열심히 살아가지만 커다란 성공은 이루지 못하고 진정한 행복도 누리지 못하고 있다. 그들에게 왜 열심히 사냐고 물어보면 대다수는 단지 돈을 많이 벌고 싶을 뿐이라고 대답한다. 그런 사람들은 이루려는 목표를 가지고 자신의 온 역량을 거기에 집중하는 사람들에게 뒤쳐질 수밖에 없다.

flounder 발버둥 치다 purpose 목적 objective 목표

축복의 변장

What seems to us as bitter trials are
often blessings in disguise.

Oscar Wilde

우리들에게 쓰디쓴 시련으로 보이는 것들이
때로는 변장한 축복인 경우가 있다.

오스카 와일드

시련은 우리를 오만함에서 떨어뜨려 겸손하게 한다. 즉, 시련은
우리 스스로를 다시 돌아보게 하고 또한 지금의 상황을 객관적
으로 판단하게끔 하는 기회를 제공한다. 이에 부족함이 있었다
면 그것을 채울 수 있도록 노력하기 때문에 나중의 더 큰 성공을
예비하게 한다.

---

bitter 쓰디쓴, 모진, 신랄한 blessing 축복(의 말), 신의 은총
in disguise 변장한

나쁜 습관

Ill habits gather unseen degrees,
as brooks make rivers, rivers run to seas.
John Dryden

나쁜 습관은 눈에 안 보일 정도로 점차 증가한다.
마치 시내가 강이 되고, 강이 바다로 흘러가듯이.
존 드라이든

나쁜 습관은 언제 들었는지 알기 어렵고 점점 강해지는 것 또한 느끼기 힘들다. 그러다가 어느 순간에 이르면 끊을 수 없게 되어버린다. 나쁜 행동을 하는 것을 대수롭게 여기지 않는다면 이는 곧 습관이 되어 언젠가 당신을 무너뜨릴 것이다. 나쁜 습관의 노예가 되는 길에서 벗어나기 위해서는 스스로 조심하고 경계하는 방법밖에 없다.

---

ill 나쁜, 병든 gather 점차 늘리다, 모이다 degree 정도, 등급, 단계
brook 시내, 개울

그저 순간에 최선을

Learn from yesterday,
live for today, hope for tomorrow.
Albert Einstein

어제로부터 배우고,
오늘을 살아가며, 내일을 희망하자.
알버트 아인슈타인

어제의 안 좋았던 일을 후회하거나 좋았던 일에 미련을 가지지
말고, 단지 어제로부터 배우자. 내일의 일에 대한 걱정과 두려움
이 앞서 불안에 떨지 말며, 단지 내일을 희망하자. 과거에 갇혀
지내지 말고 미래를 불안해하지도 말며, 현재에 최선을 다하자.
지금 이 순간 최선을 다하는 당신의 모습은 과거와 미래, 모두를
아름답게 만들 수 있다.

두려움이란 괴물

There are very few monsters
who warrant the fear we have of them.
André Gide

우리가 그들에 대해 갖는 두려움을
정당화할 만한 괴물들은 거의 없다.
앙드레 지드

어떤 특정인이나 눈에 보이는 또는 보이지 않는 특정 사물에 대해 막연한 두려움을 가지는 경우가 있다. 그럴수록 우리는 뒤로 물러서지만 말고, 두려움을 주는 대상을 직시하고 두려움의 원인을 파헤쳐야 한다. 왜냐하면, 사람이건 사물이건 철저한 분석을 통해 두려움의 원인이 되는 어떤 것을 반드시 발견해낼 수 있고, 그것을 발견해낸다면 당신의 두려움을 떨쳐버릴 수 있기 때문이다.

monster 괴물 warrant 보증(서), 근거, 정당화하다

시도하지 않는 것이 완벽한 실패

He is only exempt from failures
who makes no effort.

Richard Whately

어떠한 노력도 하지 않는 자만이
실패로부터 면제된다.
리처드 와틀리

실패를 과도하게 두려워해서는 아무 성취도 이룰 수 없다. 모든 사람이 처음부터 일을 완벽하게 잘할 수 없기 때문에 누구나 실패는 겪을 수밖에 없다. 그러나 성공은 실패를 피하지 않고 뜻하는 바를 반드시 이루겠다는 마음을 가지고 노력하는 사람에게만 주어진다.

exempt 면제하다, 면제된 failure 실패 effort 노력, 수고

담대하게 뚫고 나가라

Most of our obstacles would melt away if,
instead of cowering before them, we should
make up our minds to walk boldly through them.

Orison Swett Marden

대부분의 장애물들은 그들 앞에 위축되지 않고
그들을 뚫고 담대하게 걸어가기로 결심한다면
서서히 사라져버릴 것이다.

오리슨 스웨트 마든

우리가 두려워하는 장애물들은 당당히 맞설 때 생각보다 쉽게 극복되는 경우가 많다. 우리 중 대부분은 스스로의 능력을 과소평가하고 있으며, 무엇보다 많은 장애물들은 우리 마음속에서 만들어낸 것이기 때문이다. 즉, 우리는 실제 장애물에 스스로 나쁜 상황을 더하여 두려워하기 때문에, 위축되지 않고 뚫고 지나가기로 마음먹는 그 순간 가상의 장애물들은 사라져버린다.

obstacle 장애물 melt away 사라지다, 녹아 없어지다 boldly 담대하게
cower 위축되다, 움츠러들다

인내 그 이상으로

All human power is a compound
of time and patience.
Honoré de Balzac

모든 인간의 능력은 시간과 인내의 복합체이다.
오노레 드 발자크

당신이 앞으로 이룩할 모든 것은 시간과 인내의 복합체이다. 어떠한 말이나 행동에 자극을 받아 잠시 열심히 한다고 당신의 꿈이 이루어지지는 않는다. 단지 열심히 하는 것으로는 충분하지 않고, 꾸준히 오랜 시간 열심히 하는 것이 관건이다. 평범한 사람들은 작심삼일에 그치지만, 이를 넘어서는 사람들만이 자신들의 꿈을 실현할 수 있다.

compound 복합체, 합성물, 합성하다, 합성의, 복합의

가장 아름다운 꽃

Flower that blooms in adversity
is the most rare and beautiful of all
In Mulan

역경을 이겨내고 핀 꽃이야말로
가장 진귀하고 아름답다.
영화 〈뮬란〉 중에서

재벌 아들로 태어나 기업을 물려받아 사장에 오른 사람보다 어려운 환경에서 여러 난관을 물리치고 거대한 기업을 일으킨 스티브 잡스 같은 인물을 우리는 훨씬 더 존경한다. 그는 친부모에게 버림받고 입양되는 고난을 겪었지만, 나중에 애플사를 설립하여 여러 혁신적인 제품을 만들어 현대 문화에 큰 영향을 끼쳤던 인물이다. 당신의 현재 상황이 당신을 의기소침하게 만들지라도 결코 좌절하지 말고 당당히 성공하길 바란다. 당신의 인생 자체가 아름다운 역사가 될 테니.

bloom 꽃, 꽃피다 rare 드문, 진귀한

절대 달아나지 마라

Danger, if you meet it promptly and without
flinching, you will reduce the danger by half.
Never run away from anything. Never!

Winston Churchill

위험은 만약 위축되지 않고 즉각적으로 대처한다면
절반으로 줄일 수 있을 것이다.
어떤 것으로부터도 절대 달아나지 마라. 절대로!

윈스턴 처칠

우리는 본능적으로 위험이 다가오면 이를 회피하고자 하는 경향이 있다. 그렇지만, 이는 지극히 어리석은 행동이다. 우리는 위기를 느낄 때 할 수 있는 행동을 즉각적으로 취해야 한다. 위기를 느끼면서도 아무것도 행하지 않는다면, 그 위기는 곧 현실화될 뿐만 아니라 처음보다 더 큰 위험으로 다가올 수도 있다. 어떤 위험이라도 즉각적으로 대처한다면 피해를 최소화할 수 있다.

promptly 즉각적으로, 즉시 flinch 위축되다, 꽁무니를 빼다 run away 달아나다

나약함을 주저앉혀라

To be honest, I can't imagine how anyone
could say "I'm weak" and then stay that way.
If you know that about yourself, why not fight it,
why not develop your character?

Anna Frank

솔직히 말하면, 누군가가 "나는 약해"라고 말하면서
어떻게 그 상태에 머물 수 있는지 상상할 수 없다.
만약 당신이 그 사실을 안다면 왜 그것과 싸우지 않으며,
인격을 성장시키지 않는가?

안네 프랑크

변화는 무엇보다 스스로의 마음가짐에 달려 있다. 자신의 나약함을 알았다면 싸워서 이를 극복하고 보다 강한 자신을 만들기 위해 최선을 다해야 하지만, 많은 사람들이 자신이 약하다는 사실을 알면서도 거기에서 벗어날 노력은 하지 않은 채 주저앉는다. 나약함을 알면서도 이를 극복하고자 시도조차 하지 않는다면 얼마나 스스로에게 가혹한 처사인가?

---

develop 발전시키다, 성장시키다 character 성격, 인격, 특징

어려움에 도전하라

Don't just read the easy stuff.
You may be entertained by it,
but you will never grow from it.

Jim Rohn

단지 쉬운 것만을 읽지 말라. 당신은
그것으로 인해 즐거워질 수 있지만,
결코 성장할 수 없다.

짐 론

책을 한 달에 열 권 이상 읽어도 현명해지지 않는 사람이 있고,
반대로 한 달에 한 권을 읽어도 세상일의 많은 것을 깨달을 수
있는 사람이 있다. 우리가 흔히 말하는 명작 중에는 어려운 책이
적지 않은데, 어려운 책이라도 계속 읽다 보면 자신의 이해력이
그에 맞게 커지기 때문에, 진정한 성장을 위해서는 그러한 책들
을 반드시 읽어야 한다.

stuff 재료, ~것 entertain 즐겁게 하다, 대접하다, 환대하다

보잘것없는 어려움들

Do not worry about your difficulties
in Mathematics. I can assure you
mine are still greater.

Albert Einstein

**수학으로 인해 겪는 어려움들을 걱정하지 말라.
나는 나의 어려움이 훨씬 더 크다고 장담할 수 있다.**

알버트 아인슈타인

아인슈타인은 수학을 못해서 따로 수학을 잘하는 비서를 두었다고 한다. 그렇지만 그는 어떤 수학자도 하지 못한 물리학적 업적을 남겼다. 수학을 못한다고 당신의 머리가 안 좋은 것은 아니며, 하물며 인생이 끝나는 것은 더더욱 아니다. 수학이 절대적으로 중요한 물리학 연구를 해야 하는 아인슈타인의 고민이 당신의 고민보다 더 컸을 것이다. 그렇기에, 결코 좌절하지 말고 단지 할 수 있는 한 최선을 다하자.

difficulty 어려움 mathematics 수학

행운은 없다

Good luck is a lazy man's estimate
of a worker's success.
Author Unknown

행운이란 일하는 사람의 성공에 대한
게으른 사람의 평가이다.
작자 미상

사람은 자신이 보고자 하는 것만을 보기 때문에 게으른 사람들은 성공의 원인을 인내와 노력이 아닌 '운' 때문이라고 생각한다. 또한 성공한 사람들에게 어떻게 성공을 거뒀느냐고 물어보면 심심치 않게 '운이 좋아서'라고 대답한다. 우둔한 사람들은 이를 듣고 성공이 '운'에 따른 결과라고 생각하기도 하지만, 그렇게 생각하고 있는 동안에 그 사람들이 성공할 확률은 0%임을 깨달아야 한다.

---

lazy 게으른 estimate 평가, 측정

변화로서의 나

Be the change you want to see in the world.
Mahatma Gandhi

세상에 변화를 가져오고 싶다면
당신 스스로 그 변화가 되어라.
마하트마 간디

세상은 많은 불합리와 모순으로 가득 차 있고 당신은 그러한 세상보다 좀 더 나은 세상을 꿈꾸고 있다. 그렇지만, 당신이 원하는 변화를 다른 사람들이 이뤄주길 기대하지 말고 당신이 직접 변화의 주역이 되어보면 어떨까? 다른 사람에게 기대지 않고 당신이 직접 변화시키는 세상은 지금보다 훨씬 아름다울 것이다.

어리석음을 넘어라

You can't cross the sea merely
by standing and staring at the water.
Don't let yourself indulge in vain wishes.

Rabindranath Tagore

물을 빤히 바라보는 것만으로는 바다를 건널 수
없다. 스스로 헛된 바람에 빠지도록 하지 말라.
라빈드라나드 타고르

바다를 건너고 싶으면 배에 올라타 직접 바다를 건너야지 바라
만 본다면 결코 바다를 건널 수 없다. 이와 마찬가지로 성공하고
싶다면 성공에 필요한 행동을 실천에 옮겨야지 단지 생각만 한
다면 결코 성공할 수 없다. 많은 사람이 행동은 하지 않은 채 가
만히 앉아 생각만 하고 있다.

---

cross 건너다, 십자가, 고난 stare 빤히 바라보다 indulge 빠지다, 만족시키다
vain 헛된, 허영심이 강한

한 초점에 불을 모으듯

Concentrate all your thoughts upon
the work at hand. The sun's rays do not
burn until brought to a focus.

Alexander Graham Bell

당신의 모든 생각을 지금 하고 있는 일에
집중하라. 태양 광선을 한 초점으로
모으기 전까지는 불을 붙일 수 없다.

알렉산더 그레이엄 벨

뭔가를 본격적으로 시작할 때 집중력은 절대적으로 중요하다. 공부를 예로 든다면, 집중하지 않고 한 시간 동안 책상 앞에 앉아 있는 것보다 집중하면서 10분 동안 앉아 있는 편이 훨씬 효과적이기 때문이다. 뭔가를 하려고 하면 집중해서 하고, 그렇지 않을 거라면 아예 하지 말라. 단지 시간 낭비일 뿐이다.

concentrate 집중하다 at hand 가까운, 당장의, 지금 하는 focus 초점, 집중하다
ray 광선

승리에 대한 다짐

The boy who is going to make a great man
must not make up his mind merely to
overcome a thousand obstacles, but to win
in spite of a thousand repulses and defeats.

Theodore Roosevelt

위대한 인물이 되고자 하는 소년은 단지 천 개의
장애물을 극복하려는 마음가짐이 아니라,
천 번의 퇴짜와 패배에도 불구하고 승리하려는
마음가짐을 지녀야 한다.

테오도어 루즈벨트

위대한 인물이 되고자 한다면 어떤 대단한 일을 하겠다는 결심
보다는 좌절에도 굴하지 않겠다는 마음가짐이 필요하다. 세상
에는 다양한 형태와 크기의 어려움들이 있지만, 그 모든 어려움
에도 결코 뒤로 물러서지 않겠다는 마음가짐이 가장 중요하다.

---

merely 단지, 겨우 repulse 퇴짜, 격퇴, 퇴짜 놓다, 격퇴하다
obstacle 장애물, 난관 overcome 극복하다 defeat 실패, 패배시키다, 쳐부수다

진정한 자유

He who is brave is free.

Seneca

용감한 사람은 자유롭다.

세네카

진정으로 용기 있는 사람은 두려운 것이 없기 때문에 자유로울 수 있다. 두려움은 당신의 운명이 아닌 선택사항이기 때문에 이를 떨쳐버리고 담대히 당신이 가야할 길을 가야 한다. 또한, 이순신 장군의 《난중일기》에 나온 '살고자 하면 반드시 죽고 죽고자 하면 반드시 살 것'이라는 구절과 같이 두려움 없이 용감하게 나아가면 오히려 당신이 이루고자 하는 바를 더 잘 이룰 수 있다.

brave 용감한

삶의 크기는 용기에 비해

Life shrinks or expands in proportion
to one's courage.
Anais Nin

삶은 스스로의 용기에 비례하여 줄어들거나 넓어진다.
아나이스 닌

무언가를 새로 시작할 용기가 없다면 당신의 인생은 원하지 않은 일만 잔뜩 한 채 끝나게 될 확률이 높다. 여행을 떠날 용기가 없다면 새로운 세상을 알지 못한 채 살아갈 것이고 고백할 용기가 없다면 좋아하는 사람과 사랑하는 사이가 될 수도 없다. 남의 비난에 얽매이다 보면 당신의 삶 또한 그런 비난을 하는 사람의 삶과 마찬가지로 지루하고 의미 없이 끝나게 된다.

---

shrink 줄어들다, 쪼그라들다 expand 확장하다, 넓어지다
in proportion to ~에 비례하여 courage 용기

99%의 땀을 흘려라

Patience is a necessary ingredient of genius.

Benjamin Disraeli

인내는 천재성의 필수 성분이다.
벤저민 디즈레일리

아무리 뛰어난 머리를 지니고 태어나도 인내가 없다면 아무것도 이룰 수 없다. 하지만 위인전에는 그들이 얼마나 인내했는지에 대한 내용은 없기 때문에, 천재들은 별 노력 없이도 대단한 일을 이루어냈다고 생각할 수 있으나 이는 크나큰 오해이다. 에디슨의 '천재는 1%의 영감과 99%의 땀으로 만들어진다'라는 말만 보더라도 인내가 그들의 삶에 얼마나 중요한 역할을 했는지알 수 있다.

---

necessary 필요한, 필수적인 ingredient 성분, 구성요소 genius 천재

끈질긴 용기

Courage doesn't always roar. Sometimes
courage is the quiet voice at the end of the
day saying, "I will try again tomorrow."
Mary Anne Radmacher

용기는 언제나 큰 소리로 말하는 것이 아니다.
때때로 용기란 하루의 마지막에 조용한 목소리로,
"내일 다시 시도해볼 거야"라고 말하는 것이다.
마리 앤 라드마커

용기란 조자룡이 창 한 자루에 의지해 100만 대군을 향해 돌진하는 것과 같은 거창한 일만을 의미하진 않는다. 해도 해도 안 되는 일을 스스로 다독이면서 다시 한번 시도해보는 것, 즉 실패와 좌절에도 불구하고 결코 포기하지 않는 것 역시 크나큰 용기이다. 전자보다는 후자의 경우에서 용기를 발휘할 기회가 훨씬 많으며 어떤 측면에선 보다 어려울 수 있다.

roar 큰 소리로 말하다, 포효하다 voice 목소리

오직 이해하라

Nothing in life is to be feared.
It is only to be understood.

Marie Curie

삶의 어떤 것도 두려워해서는 안 된다.
그것은 오직 이해되어야 한다.
마리 퀴리

두려움의 대부분은 막연하게 아는 것이나 모르는 것에 기인한다. 두려움의 대상을 정확히 파악하면 할수록 두려움의 크기는 줄어들기 때문에, 당신이 두려워하는 일이 있다면 그것이 무엇인지 가능한 가장 구체적으로 파악해야 한다. 이해와 두려움은 반비례하기 때문이다.

fear 두려움, 공포, 두려워하다

고독이 거름이다

Solitary trees, if they grow at all,
grow strong.
Winston Churchill

혼자 있는 나무는 자라기만 한다면 강하게 자란다.
윈스턴 처칠

당신이 주변 사람들과 다르다고 원망하지 말라. 모든 위대한 인물들은 고독했다. 그들은 자신의 능력을 갈고닦는 와중에 주위 사람들과 시시덕거리지도 않았고 친구가 부르면 시도 때도 없이 나가서 놀지도 않았다. 스스로 외로움을 벗 삼아 자기 자신과의 싸움을 즐겼고 또 그럼으로써 진정한 성장을 이뤘다. 훌륭한 인물이 되기 위해 지금의 고독을 마땅히 겪어야 할 과정으로 생각하라.

solitary 혼자의, 고독한

안녕, 사소한 것들이여

A good memory is one trained
to forget the trivial.
Clifton Fadiman

좋은 기억이란 사소한 것은 잊도록 훈련된 것이다.

클리프턴 패디먼

좋은 기억이란 당신 인생의 모든 일을 다 기억하고 있는 것이 아닌 사소한 것, 특히 나쁜 기억을 쉽게 잊어버리는 것이다. 당신을 괴롭히는 나쁜 기억이 있다면 빨리 잊어버리는 편이 좋다. 혹시 남에게 괴롭힘을 당했다면 더욱 빨리 잊어야 한다. 그 나쁜 인간이 당신의 현재와 미래까지 괴롭히도록 놔둔다면 당신 자신에게 너무나 가혹한 처사이고 그 인간에게는 즐거운 일일 것이다.

---

train 열차, 열, 훈련하다 trivial 사소한, 하찮은

두려움을 정복하라

Courage is resistance to fear,
mastery of fear, not absence of fear.

Mark Twain

용기는 두려움에 대한 저항이자, 두려움을 정복하는
것이지, 두려움이 없는 것은 아니다.

마크 트웨인

용기란 두려움이 없는 것이 아니라 두려움보다 중요한 다른 어떤 것이 있다는 판단이다. 두려움을 모른다는 것은 정신이 나갔다거나 아무 생각 없는 사람이라는 반증 그 이상도 이하도 아니다. 두려움을 충분히 알지만 이를 저항하고 정복하는 것이 진정한 용기다.

---

resistance 저항 mastery 정복, 지배, 숙달 absence 결여

지식이 힘이다

Today knowledge has power. It controls
access to opportunity and advancement.

Peter F. Drucker

오늘날 지식은 힘을 지닌다.
그것은 기회와 진보로의 접근을 통제한다.
피터 드러커

현대는 지식사회이므로 지식을 가지고 있느냐 없느냐가 당신의 성공을 판가름한다. 따라서 지식을 쌓는 일을 결코 게을리하지 말라. 이는 단지 심심풀이가 아닌 현대를 살아가기 위해 꼭 필요한 일이다. 폭넓은 지식은 당신을 보다 현명하게 만들며, 깊은 지식은 당신을 그 분야에서의 전문가로 만들어준다.

---

control 통제, 지배, 통제하다, 지배하다 opportunity 기회
access 접근, 접근 방법 advancement 진보, 인상

실패가 교훈이다

There are no mistakes or failures, only lessons.

Dennis Waitley

실수나 실패는 없다, 단지 교훈만 있을 뿐이다.
데니스 웨이틀리

아무리 대단한 성공을 거둔 사람이라도 그의 경험담에는 실수나 실패가 빠짐없이 등장한다. 무릇, 인생의 긴 여정에서 실수를 한두 번 저지르는 것도 아니고, 실패를 한두 번 겪는 것도 아니다. 실수나 실패를 최종적인 것으로 받아들여 좌절한다면 당신의 인생은 그렇게 끝나게 된다. 실수나 실패를 하나의 교훈으로 받아들이자. 같은 실수나 실패를 더 이상 반복하지 않으면 된다.

---

mistake 실수 failure 실패, 실패자 lesson 교훈, 수업

용기란 역경을 뚫고 자라는 것

You don't develop courage by being happy
in your relationships every day.
You develop it by surviving difficult times and
challenging adversity.

Epicurus

매일 다른 사람들과 행복한 관계를 맺으면서 용기를
발전시키는 것은 아니다. 그것은 힘겨운 시기를
견디고 역경에 도전하면서 발전시키는 것이다.
에피쿠로스

친구들과 즐거운 분위기 속에서 누가 술을 많이 마실 수 있느냐
등의 경쟁을 통해 참용기가 커지지는 않는다. 용기란 본질적으
로 고독하므로 역경 속에서 자기 자신을 극복해나가며 얻을 수
있다. 역경이 크면 그 과정을 극복하면서 얻는 용기 또한 크기 때
문에, 어려운 역경을 오히려 기회로 삼고 용감하게 맞서야 한다.

develop 발전시키다 relationship 관계 survive 살아남다, ~을 견디다
challenge 도전하다

끊임없이 앞으로

He who moves not forward, goes backward.

Johann Wolfgang von Goethe

앞으로 나아가지 않는 사람은, 뒤로 후퇴한다.
요한 볼프강 괴테

가만히 있으면 뒤쳐진다. 세상이 앞으로 나아가기 때문이다. 현재에 안주하면 조만간 멀찌감치 뒤쳐진 자신을 발견하게 된다. 호수에 가만히 떠 있는 것처럼 보이는 거위가 실은 열심히 발을 젓고 있는 것과 마찬가지로 현재 상태를 유지하려고만 해도 열심히 노력해야 한다. 하물며, 현재보다 더 나은 삶을 살기 위해서라면 혼신의 힘을 다한 노력이 필요하다.

---

forward 앞으로, 전방으로 backward 뒤로, 후방으로

시련으로 잘 단련되길

A gem cannot be polished without friction,
nor a man perfected without trials.

Chinese Proverb

보석은 마찰이 없으면 닦일 수 없고,
사람 또한 시련 없이는 완벽해질 수 없다.

중국 속담

태어나면서부터 완벽한 사람은 아무도 없으며, 무릇 사람은 시련을 통해 보다 완벽해지는 존재다. 시련을 극복하는 과정이 비록 고되고 힘들지라도, 그 과정을 통해 비로소 사람은 보다 성장하고 더 큰 실력을 갖추는 존재가 된다. 그러니까, 지금 당신을 괴롭게 하는 이 시련이 당신을 보다 나은 사람으로 만드는 과정인 것이다. 이런 측면에서 보면, 시련만 한 교육은 없는 것 같다.

gem 보석 polish 닦다 friction 마찰 perfect 완벽한, 완벽하게 하다
trial 시련, 재판

가치 있는 용기란

There is, in addition to a courage with which
men die, a courage by which men must live.

John F. Kennedy

그것을 가진 채 사람이 죽는 용기 외에도
그것에 의거하여 사람이 살아야 하는 용기가 있다.

존 F. 케네디

세상에는 다양한 종류의 용기가 있다. 용감한 사람이란 단지 대의를 위해 죽는 사람만을 지칭하는 것이 아니다. 살아가는 데에도 우리에게는 많은 용기가 필요하다. 즉, 가진 것이 없는 사람이 자신을 억누르고 있는 삶의 무게에 굴하지 않고 꿋꿋이 살아가려면 용기가 필요하며, 이런 종류의 용기는 대의를 위해 죽는 용기 그 이상으로 가치 있을 수 있다.

in addition to ~에 더해 courage 용기

상황이 아닌 나를 바꿔라

When we are no longer able
to change a situation, we are challenged
to change ourselves.

Viktor Frankl

우리가 더 이상 상황을 바꿀 수 없을 때
우리는 우리 자신을 바꾸도록 도전 받는다.
빅터 프랭클

주변 상황이 당신의 뜻을 거스르는 방향으로 흘러가고, 당신이 이를 바꿔보려고 아무리 노력해도 결코 바뀌지 않을 때가 있다. 이는 당신이 뭔가 잘못 생각하고 있거나 자신의 능력을 과대평가하고 있다는 증거다. 그럴 때는 과감히 기존의 자신을 버리고 새로운 모습으로 탈바꿈해야 한다.

situation 상황, 위치, 정세 challenge 도전하다, 도전

사랑은 곧 믿음

Love is an act of faith, and whoever
is of little faith is also of little love.

Erich Fromm

사랑은 믿음의 행위로, 누구든 믿음이
작은 사람이라면 사랑 또한 작다.
에리히 프롬

사랑과 믿음은 별개가 아니라 함께 가는 관계이기 때문에 사랑
이 크면 믿음도 크다. 사랑이 크다면 그 사랑에 걸맞게 행동하
며, 상대방 역시 그렇게 행동할 것이라고 믿게 된다. 자신의 사
랑이 작다면 상대방 역시 자신을 별로 사랑하지 않을 것이라고
의심하게 된다. 사랑하는 상대방에 대한 당신의 믿음이 작다면,
당신의 사랑 역시 작지는 않은지 의심해봐야 한다.

faith 믿음, 신뢰 whoever ~하는 누구든지, 누가 ~하더라도

실패란 잠깐의 걸림돌

Failure? I never encountered it.
All I ever met were temporary setbacks.

Bill Marriott

실패? 나는 한 번도 이와 마주친 적이 없다.
이제까지 내가 만났던 것은 잠깐 동안의
걸림돌이었을 뿐이다.

빌 메리어트

많은 사람들은 자신이 희망했던 일이 실패로 끝나면 마치 세상이 무너지는 것처럼 절망하곤 한다. 그런데 성공 역시 하나의 과정에 불과하기에 어떤 한 가지에 성공했다고 해서 인생이 언제까지나 행복한 것은 아니다. 실패는 인생의 긴 여정에서 하나의 과정 그 이상도 그 이하도 아니다. 실패를 통해 더 배우고 성장하기에 그 과정을 받아들인다면 인생에 큰 도움이 될 수 있음을 명심하자.

---

encounter 조우하다, (우연히) 마주치다 temporary 일시적인, 잠정적인
setback 걸림돌, 방해

가장 큰 장애물을 없애라

The greatest barrier to success is
the fear of failure.

Sven Goran Eriksson

성공의 가장 큰 장애물은 실패에 대한 두려움이다.
스벤 예란 에릭손

아무리 열심히 성공을 위해 일해도 만약 당신의 생각이 실패의 두려움에 젖어 있다면, 이는 당신의 수고를 헛되이 하고 결국에는 성공을 불가능하게 만들 것이다. 두려움은 우리의 사고와 행동을 위축시키기 때문에, 두려움에 젖어 무언가를 한다면 아무것도 제대로 할 수 없다. 실패의 두려움을 과감히 떨쳐버려야 우리의 능력이 제대로 발현될 수 있다.

barrier 장애물, 방해물

불운을 끊어라

A stout heart breaks bad luck.
Miguel de Cervantes Saavedra

용감한 마음은 불운을 끊어버린다.
미겔 데 세르반테스

유복한 가정에서 태어나지 못하고 머리나 신체 조건이 남들보다 특별히 뛰어나지 않다면 자신이 불운한 존재라고 생각할 수도 있다. 그러나 당신이 진정 용기 있는 사람이라면 그 모든 불운을 끊어버릴 수 있다. 용기를 가지고 당신을 붙잡고 있는 모든 불운의 쇠사슬을 단칼에 끊어버려라. 실제로 훌륭한 많은 위인들 역시 어린 시절의 불운한 환경을 용기를 가지고 헤쳐나가 결국 성공에 이르렀다.

---

stout 단단한, 굳센 stout-heart 용감한 마음, 용기

다만 스승이 되라

Do not be too severe upon the errors
of the people, but reclaim them by enlightening them.

Thomas Jefferson

사람들의 잘못에 대해 너무 엄격하지 말며,
다만 교화함으로써 그들을 교정하라.
토머스 제퍼슨

당신이 옳다고 생각하는 대로 사람들이 움직여주지 않는다고
노여워하지 말라. 그리고 그들의 잘못에 대해 꼬치꼬치 비판하
지 말며, 과도하게 신경을 쓰는 것도 삼가야 한다. 그들이 그렇
게 행동하는 것은 그들 각자의 역사의 산물이기 때문에 당신이
옆에서 지적한다고 쉽게 고칠 수 없으며 당신의 스트레스만 늘
어날 뿐이다. 단지 당신의 옳은 행동을 지속적으로 직접 보여줌
으로써 그들 스스로 깨닫게 하는 편이 가장 효과적이며 서로에
게 상처를 주지 않는 방법이다.

---

severe 엄격한, 엄한, 호된 reclaim 교정하다, 개정하다
enlighten 교화하다, 계몽하다

스스로를 해방하라

Emancipate yourselves from
mental slavery, none but ourselves
can free our minds!

Bob Marley

**정신적 노예 상태에서 당신 스스로를 해방시켜라.
우리 자신만이 우리의 마음을 자유롭게 할 수 있다.**

밥 말리

진정한 자유를 원한다면 무엇보다 당신 자신을 스스로 해방시켜야 한다. 다른 사람이 아닌 당신 자신이 스스로 족쇄를 채워 비상하는 것을 막고 있기 때문이다. 당신의 인생을 구원해줄 구세주를 외부에서 찾지 말라. 신은 당신에게 당신 스스로를 위임했다는 점을 명심하라. 당신을 자유롭게 만들 가장 결정적인 힘은 당신 자신으로부터 나온다.

emancipate 해방시키다 mental 정신적인, 정신의
slavery 노예 상태, 노예의 신분

규율은 진정한 성취의 도우미

Discipline is the bridge between
goals and accomplishment.

Jim Rohn

규율은 목표와 성취 사이의 가교다.
짐 론

목표를 세우고, 그것을 성취하기 위해서는 무엇보다 행동에 규율이 필요하다. 주위에 흔들리지 않고 마음을 굳건히 세우며, 스스로 방종하지 않도록 노력해야만 당신이 세운 목표를 현실화할 수 있다. 규율이 없다면 당신의 목표는 단지 몽상에 지나지 않는다.

discipline 규율, 훈련, 학과 goal 목표 accomplishment 성취

너와 나를 똑같이

We judge others by their behavior.
We judge ourselves by our intentions.
Ian Percy

우리는 다른 사람들을 그들의 행동에 따라 판단한다.
우리는 스스로를 우리의 의도에 따라 판단한다.
이안 퍼시

행동으로는 비록 잘해주지 못하지만 원래 내 의도는 그렇지 않다고 변명하며 스스로 위안할 수 있다. 그렇지만 당신이 남을 평가할 때 그 사람의 행동을 중요시하지, 보이지 않는 의도를 신경 쓰지는 않은가? 또한, 어떤 사람이 당신에게 큰 피해를 주면서 그럴 의도는 없었다고 한다면 쉽게 용서가 되는가? 결코 그렇지 못할 것이다. 똑같은 기준을 당신에게 적용해야 한다.

judge 판단하다 behavior 행동 intention 의도

고독의 모든 가치

The whole value of solitude depends upon
one's self; it may be a sanctuary or a prison,
a haven of repose or a place of punishment,
a heaven or a hell, as we ourselves make it.

John Lubbock

고독의 모든 가치는 자기 자신에게 달려 있다.
그것은 우리 스스로 하기에 따라 성역이 될 수도
감옥이 될 수도 있으며, 휴식을 주는 안식처가
될 수도 벌을 받는 장소가 될 수도 있으며,
천국이 될 수도 지옥이 될 수도 있다.

존 러벅

혼자 있는 것을 두려워 말라. 혼자 있다고 해서 모두 외롭지는
않다. 모든 것은 우리가 어떻게 생각하고 행동하느냐에 달려 있
다. 시간의 가치는 우리 스스로 만들기 때문에, 혼자 있는 것을
두려워 말고 이를 적극적으로 활용하라.

---

whole 전체, 모든 solitude 고독, 쓸쓸한 곳 self 자기, 자아
sanctuary 성역, 보호구역 prison 감옥 haven 안식처, 항구
repose 휴식, 눕히다, 쉬다 punishment 벌, 형벌

인내는 집중된 힘

Patience is not passive, on the contrary,
it is active. it is concentrated strength.

Edward G. Bulwer-Lytton

인내는 수동적이기는커녕, 능동적이다.
그것은 집중된 힘이다.

에드워드 G. 리튼

대부분의 사람이 모르는 인내의 특징이 인내의 능동성이다. 인내는 참고 견디는 것이기 때문에 수동적이라고 생각하기 쉽지만, 인내란 그렇게 접근해서는 결코 얻을 수 없다. 인내는 능동적으로 집중하여 열심히 해야 할 어떤 것이기 때문에 마음을 단단히 먹고 본격적으로 행해야 한다.

passive 수동적인 on the contrary 반면에, 그러하기는커녕
active 능동적인 concentrated 집중된

게으름이 곧 가난

Laziness travels so slowly that
poverty soon overtakes him.
Benjamin Franklin

게으름은 너무나 천천히 이동하여
가난이 곧 그를 따라잡아 버린다.
벤저민 프랭클린

가난은 게으른 사람의 뒤를 살금살금 쫓아다니다 결국에는 그를 따라잡아 버린다. 해야 할 일을 하지 않은 채 안 해도 되는 일에 시간을 허비하면 당신이 받아야 할 기회가 다른 사람에게 돌아가 버린다. 게으름 피우며 천천히 여유를 부리다 보면 결국에는 어떤 기회도 잡지 못한 채 평생 가난하게 살아가야 할 운명에 처할 수밖에 없다.

laziness 게으름 poverty 가난 overtake 따라잡다, 추월하다

뒤늦은 결정

The man who insists on seeing with perfect
clearness before he decides, never decides.

Henri Frederic Amiel

**결정하기 전에 완전하고 뚜렷하게
보기를 고집하는 사람은, 결코 결정하지 못한다.**
앙리 프레데릭 아미엘

모든 사실이 명명백백하게 드러난 뒤에야 비로소 행동하려고
한다면 이미 늦는다. 결정하기 전에 여러 가능성을 염두에 두고
신중하게 생각하는 것은 좋지만, 신중함이 지나치면 먼저 결정
하고 이를 실천에 옮긴 사람들의 뒤꽁무니만 쫓아다니거나, 그
들이 가져간 좋은 기회의 부스러기만 주울 수 있을 뿐이다.

insist 고집하다, 주장하다 clearness 뚜렷함, 명확함

반드시 행하라

I have been impressed with
the urgency of doing.
Knowing is not enough. we must apply.
Being willing is not enough. we must do.

Leonardo da Vinci

나는 행하는 것의 긴급함에 깊은 인상을 받았다.
아는 것은 충분하지 않다. 우리는 반드시 적용해야 한다.
할 의지가 있는 것은 충분하지 않다.
우리는 반드시 행해야 한다.

레오나르도 다 빈치

좋은 아이디어가 있다고 해도 이를 긴급하게 실행에 옮기지 않고 차일피일 미루기만 한다면 아무 의미가 없다. 의지는 충만하나 이런저런 생각으로 행동하기를 주저하는 경우도 마찬가지다. 행동을 통해서만 모든 것이 바뀔 수 있으며, 당신의 머리로 우주를 바꾸는 생각을 한다고 해도 실제로 바뀌는 것은 아무것도 없다.

willing 기꺼이 하는, ~을 할 의지가 있는 urgency 긴급(함)
apply 실행에 옮기다, 적용하다 impress 인상을 주다

우선 시작하라

So many fail because
they don't get started, they don't go.
They don't overcome inertia. They don't begin.

W. Clement Stone

너무도 많은 사람이 시작을 하지 않기 때문에
실패한다. 그들은 나아가지 않는다.
그들은 무기력을 극복하지 못하고, 시작도 하지 않는다.
W. 클레멘트 스톤

세상일의 대부분은 시작도 하기 전에 끝이 난다. 마치 용기 없는 사랑처럼. 대부분의 사람이 성공을 거두지 못하는 이유 역시 시작도 하지 않기 때문이다. 실패에 대한 두려움, 무기력, 게으름 등 여러 가지 이유가 당신을 시작조차 못하게 하지만, 그 모든 것을 당신의 용기로써 극복해야만 한다. 사랑에 용기가 필요한 것과 마찬가지로 모든 중요한 일에는 용기가 절대적으로 필요하다.

overcome 극복하다, 이기다 inertia 무기력, 불활동

열정이 천재를 만든다

Passion is the genesis of genius.
Anthony Robbins

천재성은 열정으로부터 발생한다.
앤서니 라빈스

아무리 대단한 천재성이 숨겨져 있다고 해도 열정이 없다면 당신의 천재성은 결코 발현되지 않는다. 위대한 업적을 낳은 지구상의 모든 천재들은 자신의 해당 분야에서 지독히 열심히 일한 사람들뿐이다. 예를 들어, 20세기의 가장 유명한 천재 철학자인 비트겐슈타인의 경우 제1차 세계대전의 참호 속에서 유명한 《논리철학논고》를 기술했다. 열정 없이 천재는 나타나지 않는다.

passion 열정, 열애 genesis 발생, 기원, 발생의 유래

과감히 뛰어올라라

Jump, and you will find out
how to unfold your wings as you fall.

Ray Bradbury

뛰어올라라, 그러면 어떻게 당신의 날개를
펼칠 수 있는지 낙하하면서 알아낼 것이다.

레이 브래드버리

이런저런 걱정에 휩싸여 아무것도 하지 못하는 당신, 과감하게
몸을 던져라. 막상 그 상황에 부딪히게 되면 지금 우려하는 것보
다 훨씬 상황을 잘 해결할 수 있을 것이다. 당신의 머리로는 구
체적으로 어떤 상황에 놓이게 될지 모르기 때문에 걱정하는 것
인데, 이와 마찬가지로 당신이 얼마나 상황을 잘 해결할 수 있을
지 역시 지금 당신의 머리로는 알 수 없다.

unfold 펼치다, 펴다

스스로 헤엄쳐라

When a man is drowning, it may be better
for him to try to swim than to thrash around
waiting for divine intervention.

William Sloane Coffin Jr.

물에 빠졌을 때는 몸부림치면서 신의 관여를
기다리는 것보다 헤엄치려고 노력하는 편이 낫다.

윌리엄 슬로언 코핀 주니어

위기에 처했을 때 당신이 믿는 신이 구원해줄 것이라 막연하게
믿으며, 당신 자신은 위기를 타개하기 위한 어떠한 행동도 하지
않은 채 호들갑만 떠는 것은 지극히 어리석다. 스스로 침착하게
극복할 방법을 강구하며 위기에서 빠져나올 수 있도록 최선을
다해야 한다.

---

drown 물에 빠뜨리다, 물에 빠지다 thrash 때리다, 몸부림치다
divine 신의, 신성한 intervention 관여, 간섭

위기 밖으로 나와라

You drown not by falling into a river,
but by staying submerged in it.
Paulo Coelho

**물에 빠져서가 아니라,
물속에 가라앉은 채로 있기 때문에 익사하는 것이다.**
파울로 코엘료

인생을 살다 보면 어려움에 처하는 경우가 적지 않게 발생한다. 그런데 그 어려움 자체에 맞닥뜨린다고 해서 우리가 불행해지는 것은 아니다. 어려움을 벗어나려는 노력을 하지 않은 채 단지 그 어려움 속에 머물러 있기 때문에 불행을 겪게 된다. 어려움 자체를 두려워하지 말며, 그 어려움을 극복하지 못할 것이라는 걱정을 삼가라. 어려움은 충분히 극복할 수 있고 당신은 다시 행복해질 수 있다.

---

submerge 물속에 잠기다, (물속에)가라앉다, 가라앉히다

이류가 되지 않도록

A lazy person, whatever the talents
with which he starts out, have condemned
himself to second-rate thoughts,
and to second-rate friends.

Cyril Connolly

게으른 사람은 그가 어떤 재능을 가지고 있든지 간에,
이류 사고와 이류 친구들을 가지도록 운명 지어진다.

시릴 코널리

만약 당신이 스스로 최선을 다해 살아가지 않고 능력 있는 친구에게 의존하며 살고자 한다면 당신은 친구도 잃고 실패만 거듭하는 운명에 놓이게 된다. 최고의 사람들은 자신의 재능을 최대한 발현하며 열심히 살고자 하는 가치관을 지녔기 때문에, 그들은 당신을 이해하지 못한다. 따라서 자신들의 가치관과는 너무도 다른 당신을 어찌 친구로 생각하겠는가? 단지 동정이나 멸시의 대상일 뿐이다.

---

lazy 게으른 talent 재능 second-rate 이류의
condemn 비난하다, 유죄판결을 내리다, 운명 지우다

행동 없인 결과도 없다

You may never know what results
come of your action,
but if you do nothing there will be no result.
Mahatma Gandhi

당신은 당신의 행동으로 어떤 결과가 나올지 결코
알지 못하겠지만, 만약 당신이 아무것도
하지 않는다면 어떤 결과도 없을 것이다.
마하트마 간디

당신의 삶을 바꾸고 싶다면 행동하라. 행동이 없으면 어떤 결과
도 일어나지 않기에 어떠한 변화도 없다. 행동이 어떤 결과를 불
러일으킬지 확실히 알지 못하기 때문에 불안할 수도 있겠지만,
스스로 행동하지 않고 남이 한 행동의 결과들에 당신의 인생을
의지하는 편보다는 훨씬 낫다.

result 결과, 결말

언제나 열정적으로

Act enthusiastic and
you will be enthusiastic.
Dale Carnegie

열정적으로 행동하라.
그러면 당신은 열정적인 사람이 될 것이다.
데일 카네기

우리 모두는 '열정'이라는 가치를 좋아하며, 열정적인 사람이 되고자 하지만, 대부분은 그 방법을 모르고 있다. 여기 쉽지만 효과적인 방법이 있다. 열정적인 사람이 되고자 하면 열정적으로 행동하면 된다. 비굴하게 행동하다 보면 비굴한 사람이 되는 것과 마찬가지다.

enthusiastic 열정적인, 열심인

묻지 말고 행동하라

Do you want to know who you are?
Don't ask. Act!
Action will delineate and define you.

Thomas Jefferson

당신이 누구인지 알고 싶은가? 묻지 말고, 행동하라!
행동은 당신이 누구인지
묘사해주며 당신을 규정할 것이다.

토머스 제퍼슨

당신이 스스로 생각하는 자신의 모습이 정말 진실인지 궁금하다면 남에게 묻지 말고 행동하라. 다른 사람들이 진실을 말하는지 아니면 좋게 또는 나쁘게 말하는지 모르기 때문에 남의 말을 듣고 자신을 판단할 수는 없다. 그러나 행동의 결과는 당신을 비로소 확신시킬 수 있을 것이다.

---

delineate 묘사하다, 기술하다 define 정의하다, 규정하다

인생은 나의 선택일 뿐

It matters not what a person is born,
but who they choose to be.

Joanne K. Rowling

어떤 사람으로 태어나는가가 아니라,
어떤 사람이 되고자 하는가가 관건이다.

조앤 K. 롤링

당신이 가난한 가정에서 태어났다거나 불구의 몸으로 태어났다고 해서 그것이 당신의 전체 인생을 결정지을 수 없다. 가장 중요한 점은 당신이 어떠한 사람으로 성장하는가이다. 그리고 이를 위해 무엇보다 먼저 모든 것을 극복하고자 하는 마음가짐이 필요하다.

matter 물질, 문제, 관건이다, 중요하다

절망만이 최악이다

I have often been downcast,
but never in despair.
Anne Frank

**나는 종종 의기소침했지만 결코
절망에 빠지지 않았다.**
안네 프랑크

독일 나치당의 유대인 박해를 피해 다락방에 몸을 숨기면서 하루하루를 살아갔던 안네 프랑크만큼 힘든 상황을 겪고 있는 사람이 얼마나 있을까? 삶을 살다 보면 좋은 일만 일어날 수는 없고 이런저런 안 좋은 일이 일어나 우리를 의기소침하게 만들 수 있다. 그러나 결코 절망에 빠지지는 말자. 적어도 안네에게는 없었던 자유가 우리에게는 주어져 있지 않은가?

---

downcast 기가 죽은, 의기소침한 despair 절망

현명한 친구가 되라

When a friend is in trouble, don't annoy
him by asking if there is anything you can do.
Think up something appropriate and do it.

Edgar Watson Howe

친구가 어려움에 처했을 때,
도와줄 것이 있는지 물으며 귀찮게 하지 마라.
적절한 어떤 것을 생각해내고 그것을 행하라.

에드가 왓슨 하우

친구가 정말 힘든 상황에 놓여 있을 때 어떤 사람들은 친구를 위한다는 마음에 자신이 무엇을 해줘야 할지 자꾸자꾸 묻곤 한다. 정말 힘들다면 그 친구는 그런 생각조차 할 여유가 없기 때문에 그러한 선의의 질문들이 오히려 귀찮게 여겨질 것이다. 그럴 경우에는 스스로 어떤 일을 하는 것이 도움이 될지 생각하여 조용히 해주는 편이 낫다.

---

in trouble 곤란하여 annoy 성가시게(귀찮게) 하다, 괴롭히다
appropriate 적절한, 적합한

내가 줄 수 있는 것

If you have much, give of your wealth.
If you have little, give of your heart.

Arab Proverb

만약 당신이 많이 가지고 있다면,
당신의 재산을 주어라. 만약 당신이 조금
가지고 있다면 당신의 마음을 주어라.

아라비아 속담

당신이 다른 사람에게 나누어줄 것은 당신이 얼마나 가졌느냐에 상관없이 얼마든지 있기에, 당신의 몰인정을 재산 탓으로 돌리지 말라. 당신이 부자라면 부를 나누어줄 수 있겠지만, 부자가아니라도 마음을 주면 된다. 따뜻한 말, 정이 가득한 배려, 밝은미소 등으로 그 사람은 충분히 당신으로 인해 만족과 행복을 느낄 수 있다.

wealth 부, 재산, 부유함, 풍부

나는 나무가 아니다

If you don't like how things are, change it!
You're not a tree.

Jim Rohn

현 상황이 마음에 들지 않는다면, 그것을 바꿔라!
당신은 나무가 아니다.
짐 론

별 볼 일 없는 일상은 지겹게 반복되고, 행운이라는 단어는 내게 전혀 해당되지 않는 말이며, 앞으로도 특별히 좋은 일은 없을 것이라 생각하는 당신. 그러나 당신은 이 모든 현재의 상황을 바꿀 만한 힘을 가지고 있는 존재다. 당신은 스스로 현재의 문제가 무엇인지를 파악할 수 있으며, 적절한 해결책도 생각해낼 수 있고, 무엇보다 행동으로 변화를 이끌어낼 수 있기 때문이다. 지금의 일상이 불만이라면 당신의 힘으로 서둘러 바꿔라.

내 삶의 주인은 나

You own yourself. Let no man put a manacle
on your hand, or foot, or head, or heart.
Thomas De Witt Talmage

당신은 스스로를 소유하고 있다. 어떤 사람도
당신의 손, 발, 머리 또는 가슴을 속박하도록 하지 말라.
토머스 드 위트 탈마지

당신의 손과 발이 당신의 소유인 것처럼 당신의 마음 또한 당신의 것이다. 그러나 손과 발에 족쇄가 채워지면 그것을 풀려고 노력하면서 마음이 속박되는 것에는 무관심한 사람들이 많다.

---

own 고유한, 자기 자신의, 소유하다, 인정하다
manacle 수갑, 수갑을 채우다, 속박하다

독서의 희열을 만끽하라

To love to read is to exchange
hours of ennui for hours of delight.
Charles de Montesquieu

독서를 사랑하는 것은 권태의 시간을
기쁨의 시간으로 맞바꾸는 것이다.
샤를 드 몽테스키외

심심하다면 친구들과 어울려 술을 마신다거나 컴퓨터 게임에 몰두하지 말고 책을 읽는 것을 추천한다. 만약 읽을 책이 없다면 대형 서점에 가서 한나절 정도 시간을 보내보기 바란다. 장시간 서점에서 책을 둘러보다 보면 당신이 읽고 싶어 하는 책을 반드시 발견할 수 있다. 그 책은 어쩌면 당신의 운명을 바꿀 수도 있다.

exchange 교환하다, 맞바꾸다 ennui 권태, 지루함 delight 기쁨, 즐거움

참다운 행복을 찾아라

Many persons have a wrong idea
of what constitutes true happiness.
It is not attained through self-gratification
but through fidelity to a worthy purpose.
Helen Keller

많은 사람은 무엇이 참다운 행복을
구성하는지에 관한 잘못된 사고를 가지고 있다.
그것은 스스로의 만족을 통해서가 아니라
가치 있는 목적에 충실함으로써 얻을 수 있다.
헬렌 켈러

참다운 행복을 누리려면 먼저 스스로 가치 있는 목적을 세워야 하고 이후 그 목적에 충실한 삶을 살아야 한다. 즉, 목적을 추구하는 과정이 하나의 삶이 되는 것이다. 스스로의 만족을 행복의 지표로 삼으면 참다운 행복을 누리기 어려운데, 개인적 욕구는 시간이 흐르면서 아는 것이 많아질수록 만족하기 점점 더 어려워지며, 하나에 만족하면 곧바로 새로운 불만족의 대상이 생겨나기 때문이다.

constitute 구성하다, 조직하다 attain 이르다, 달성하다, 얻다
self-gratification 자기만족 fidelity 충실, 성실 worthy 가치 있는

대접받고자 하는 대로 행하라

We should behave to our friends as
we would wish our friends to behave to us.

Aristotle

우리는 친구들이 우리에게 행동하기를
바라는 대로 친구들에게 행동해야 한다.
아리스토텔레스

역지사지의 입장에서, 친구가 어떤 말과 행동을 했을 때 당신이 기뻐할 것인가를 생각하면서 그런 말과 행동을 친구에게 행해야 한다. 예컨대, 친구의 말과 행동에 서운한 감정을 느끼는 경우가 종종 있는 것처럼 당신 역시 친구가 서운해할 만한 말과 행동을 종종 할 수 있다. 그렇기 때문에, 아무리 친한 사이라도 말과 행동을 스스로 조심해야 하며, 간혹 친한 친구의 서운한 말과 행동에도 너그러이 포용할 수 있어야 한다.

behave 행동하다, 예절 바르게 행동하다

부정적 견해를 거부하라

If you accept the expectations of others,
especially negative ones,
then you never will change the outcome.
Michael Jordan

만약 당신이 다른 사람들의 예상들,
특히 부정적인 것들을 받아들인다면,
그때는 당신이 결코 그 결과를 바꿀 수 없을 것이다.
마이클 조던

우리 주위의 많은 사람이 우리를 과소평가하면서 용기를 꺾는 말을 서슴지 않는 경우가 있다. 남의 의견에 귀를 기울이는 태도는 좋지만, 별 생각 없이 함부로 남의 삶을 무시하는 발언을 하는 사람들의 생각까지 신경 쓸 필요는 전혀 없다. 스스로를 믿고, 그들의 부정적인 견해가 틀렸음을 자신의 힘으로 몸소 보여주라.

---

expectation 예상 negative 부정적인, 소극적인 outcome 결과

우선 도착할 항구를 정하라

If a man does not know what port
he is steering for, no wind is favorable to him.
Seneca

만약 사람이 어떤 항구를 향해
배를 조종해가고 있는지 모른다면,
어떠한 바람도 그에게 이롭지 않을 것이다.
세네카

토머스 칼라일(Thomas Carlyle)이 말한 바와 같이, 목표를 세우는 일은 보이지 않는 것을 보이는 것으로 바꾸는 첫 번째 단계다. 즉, 삶의 목표를 세워야 당신이 원하는 것이 진정으로 드러난다. 만약 당신이 방황하고 있다면 가장 먼저 목표를 세워야 한다. 당신이 그토록 기대하는 행운도 목표가 없다면 한낱 지나가는 해프닝에 불과할 것이다.

---

port 항구, 항구 도시 favorable 이로운, 유용한
steer 키를 잡다, 조종하다, ~로 항해하다

배움이 생계수단

Learning is a means of livelihood.

Hitopadesa

배움은 생계의 수단이다.
히토파데샤

배움은 여유가 있을 때 하는 부차적인 덕목이 아니다. 배움은 생계의 수단이므로, 배우지 않고서는 당신이 경제적으로 풍요롭게 살 수 없는 것은 물론이거니와 생존 자체도 쉽지 않다. 당신이 사무직에 종사하든 공장에서 일을 하든, 좀 더 좋은 지식을 얻고 좀 더 최신의 기술을 익히는 일은 선택의 문제가 아니라 필수의 문제다. 생계를 위해 당신은 남들과의 경쟁에서 뒤쳐지지 않아야 하며, 이를 위해 언제나 배움을 게을리하지 말아야 한다.

means 수단, 도구 livelihood 생계, 살림

보통 이상을 꿈꿔라

Refuse to be average.
Let your heart soar as high as it will.

Aiden Wilson Tozer

보통이 되는 것을 거부하라.
당신의 마음이 날아오를 수 있을 만큼
높이 날아오르게 하라.

에이든 토저

'중간이라도 하자'라고 마음먹는다면 당신은 언제나 뒤쳐질 수밖에 없다. 중간이라는 것은 없다. 최선을 다해 열심히 하거나 대충대충 해서 못하거나 둘 중 하나다. 당신이 할 수 있는 최선을 다해도 잘할까 말까인데 대충대충 한다면 오죽할까? 최선을 다하지 않는다면 당신의 능력이 제대로 발현될 수 없기 때문에 중간도 못하게 되어버린다.

---

refuse 거절하다, 거부하다 average 평균, 평균의 soar 높이 날다, 급상승하다

하고 싶은 것을 하라

Success follows doing what you want to do.
There is no other way to be successful.
Malcolm Forbes

성공은 당신이 하고자 하는 것을 할 때 따라온다.
성공의 다른 길은 없다.
말콤 포브스

당신이 하고자 하는 일을 할 때 당신은 가장 잘할 수 있다. 또한 실패가 계속 이어진다고 해도 가장 꿋꿋이 견뎌낼 수 있기도 하다. 설령 완전히 실패한다고 해도 후회는 없으리라. 반대로 남이 시키는 일을 억지로 하게 되면 하면서도 재미가 없고, 따라서 조그만 실패에도 쉽게 좌절하여 포기해버리며, 또한 완전히 실패하게 되면 다른 사람을 탓하게 된다.

follow 따르다 successful 성공적인

하나의 차이

Act as if what you do makes a difference.
It does.

William James

당신이 하는 일이 하나의 차이를 만들어낼 수 있는
것처럼 행동하라. 그것은 실제로 그렇게 된다.

윌리엄 제임스

지금 하고 있는 일, 그것에 스스로 큰 의미를 부여하라. 당신이
지금 하고 있는 일로 인해 당신의 삶과 세상이 바뀔 것이다. 물
론, 몇 가지의 일로 그 모든 것이 가능하지는 않겠지만 적어도
하나의 중요한 시발점이 된다. 그리고 그런 마음가짐과 행동이
모이다 보면 어느새 당신이 바라는 바가 이루어지고 있음을 목
격할 수 있다.

철저히 준비하라

Thorough preparation makes its own luck.

Joe Poyer

철저한 준비가 스스로의 운을 만든다.
조 포이어

평소 운이 좋지 않다고 생각한다면 남들보다 더 철저하게 준비해야 한다. 이를테면, 실력은 비슷해도 남들은 운이 좋아 시험을 통과한다고 생각한다면(실제로는 정말 그런지 아니면 남들보다 실력이 떨어져서 통과하지 못하는지 모르지만, 여하튼 당신이 그렇게 생각한다면) 남들보다 더욱더 준비하라. 즉, 일반적으로 요구하는 것보다 과도하다 싶을 정도로 더 철저히 준비하라.

---

thorough 철저한, 면밀한 **preparation** 준비, 대비 **luck** 운, 행운

괴로움을 만들지 마라

If you are distressed by anything external,
the pain is not due to the thing itself
but to your own estimate of it; and this
you have the power to revoke at any moment.

Marcus Aurelius

만약 당신이 외부적인 것으로 인해 괴로워한다면,
괴로움 그 자체 때문이 아니라 그것에
대한 당신의 판단 때문이다. 그렇기에 당신은 언제
어느 때라도 이를 취소할 수 있는 힘이 있다.

마르쿠스 아우렐리우스

다른 사람들이 나를 어떻게 생각하는가는 그리 중요하지 않다.
남들이 비판하고 한심하게 생각할지라도 나는 능히 이를 무시
할 만한 힘을 스스로 갖고 있다. 스스로 떳떳하다면 마음을 굳건
히 하고 내가 가고자 하는 바를 담대히 행하면 된다.

distress 고뇌, 고민거리, 괴롭히다 external 외부의 estimate 판단, 평가
revoke 취소하다, 무효로 하다

미소 지어라

Wear a smile and have friends,
wear a scowl and have wrinkles.

George Eliot

미소를 지으면 친구가 생기고,
얼굴을 찌푸리면 주름살이 생긴다.

조지 엘리엇

찡그리고 있으면 뭔가 사연이 있어 보이거나 강하게 보인다고 생각할 수 있으나, 이는 당신에게 호의를 가진 사람들의 관심을 멀어지게 함으로써 외로워지는 지름길이 된다. 반면, 미소를 지으면 주위 사람들의 기분을 좋게 하면서 자신 역시 밝아지고 매사에 긍정적으로 변모할 수 있다.

---

wear 입다, (얼굴 표정을) 짓다, 착용하다 wrinkle 주름(살), 주름이 지다
scowl (얼굴을) 찡그림, 찡그리다

인내는 길들여진 열정

Patience is passion tamed.

Lyman Abbott

인내는 길들여진 열정이다.
리먼 애보트

인내는 당신의 열정이 다른 시간을 희생하더라도 추진할 만한 가치가 있다고 판단할 때에만 가능하다. 즉, 인내한다는 것은 열정이 있다는 뜻이다. 아무리 가슴 뛰는 열정을 가지고 있어도 이를 통제하지 못한다면 그 열정은 당신 인생에서 하나의 추억으로만 남겨질 뿐이기 때문이다. 그렇게 길들여진 열정을 우리는 인내라고 부른다.

passion 열정, 격정 tame 길들이다

나를 이끄는 것은 '나'

It is a man's own mind, not his enemy or foe,
that lures him to evil ways.

Buddha

적이나 적수가 아닌, 스스로의 마음이
그를 사악한 길로 꾀어낸다.

붓다

당신이 사악한 길로 들어서서 나쁜 행동을 하는 것은 순전히 당신의 선택이므로 스스로 전적인 책임을 져야 한다. 당신의 적이나 적수가 당신을 사악한 길로 이끈 것도 아니고 당신을 사랑하는 가족이나 친구가 이끈 것도 아니다. 당신과 유사한 환경에 있는 다른 사람들 모두 사악한 선택을 한 것도 아니니 남에게 책임을 돌려서는 안 된다.

---

enemy 적 foe 적수, 원수 lure 꾀다, 유혹하다, 매력 evil 나쁜, 사악한

인내와 불굴의 정신으로

Patience and fortitude conquer all things.

Ralph Waldo Emerson

인내와 불굴의 정신은 모든 것들을 정복한다.

랠프 월도 에머슨

인내와 불굴의 정신만 있다면 당신이 절대 극복하지 못할 약점이라고 생각하는 것조차도 넘어설 수 있다. 결코 자신의 게으름 및 나약함과 타협하지 말고 스스로 정한 목표를 무슨 일이 있더라도 이루고 말리라는 마음가짐을 군건히 하라. 그렇게 난관과 좌절에도 굴하지 않고 하루하루를 참고 견디면 오래지 않아 당신이 진정 바라는 것을 이룰 수 있다.

---

fortitude 불굴의 정신, 용기 conquer 정복하다, 극복하다

거짓말쟁이의 맹세

A liar is always lavish of oaths.

Pierre Corneille

거짓말쟁이는 언제나 맹세들을 아끼지 않는다.
피에르 코르네유

주위를 보면 뭔가를 해주겠다고 쉽게 말하는 사람들이 있다. '잘 해주겠다', '은혜를 갚겠다'라는 말을 과도하게 하거나 우정 또는 사랑을 쉽게 맹세하는 사람들을 경계해야 한다. 그들은 이런 말을 마음속 깊은 곳으로부터 우러나와 하는 것이 아니라 그냥 입에서 나오는 대로 할 뿐이다. 신실함이 결여된 거짓말도 그들에게는 특별한 것이 아니다.

---

liar 거짓말쟁이 lavish 아낌없는, 지나치게 많은, 낭비하다 oath 맹세, 서약

행복 소비의 권리

No one has a right to consume
happiness without producing it.
Helen Keller

누구도 행복을 생산하지 않고 소비할 권리는 없다.
헬렌 켈러

다른 사람과의 관계에서 타인을 행복하게 해주려는 노력 없이 자기 자신만이 다른 사람으로 인해 행복해지기를 바라는 사람들이 적지 않다. 그들은 스스로 노력하지 않고 남이 제공하는 편의만을 얻고자 하는 사람들이다. 행복을 소비만 할 권리는 세상 누구에게도 없다.

---

consume 소비하다, 쓰다 produce 생산하다, 만들어내다

사랑의 운명

Love ceases to be a demon
only when it ceases to be a god.
Denis de Rougemont

사랑은 그것이 신이기를 그칠 때에만
악마이기를 그친다.
데니스 드 루주몽

인생을 오직 사랑에 걸고 있다면 당신은 매우 위태로운 상황이다. 당신은 당신을 둘러싼 모든 문제가 좋은 사랑을 만나면 해결되며 세상이 천국으로 바뀔 수 있으리라 기대하겠지만, 결국 문제는 스스로 해결해야 하며 천국은 당신의 힘으로 만들어야 한다. 왜냐하면, 당신의 세상은 그 기대가 나쁜 사랑으로 판명되면 곧 지옥이 되어버릴 것이기 때문이다. 당신의 운명을 남에게 맡기지 말라.

cease 그만두다, 그치다 demon 악마

나는 세상에 속한 존재

We are not insulated from the
rest of the world, like it or not.
Fadel Gheit

우리는 좋아하든 좋아하지 않든 간에
우리 이외의 세상으로부터 차단되어 있지 않다.
파벨 게이트

우리는 바깥세상과 구별되어 따로 존재할 수 없고 세상 안에서 다른 사람들과 더불어 살아가야 하는 사회적 존재다. 따라서 다른 사람들과 세상 모두를 이해하려고 힘써야 하며, 당신이 보다 나은 삶을 살고자 한다면 당신을 둘러싼 세상 역시 보다 나은 세상이 되어야 함을 잊지 말아야 한다. 세상이 당신을 실망시켜도 당신은 세상을 버릴 수 없다.

insulate 격리하다, 고립시키다

다정하고 친절하게

Tenderness and kindness are
not signs of weakness and despair
but manifestations of strength and resolution.

Kahlil Gibran

다정함과 친절은 약함과 절망의
표시가 아니라 강함과 결단력의 발현이다.

칼릴 지브란

다정하고 친절하게 사람을 대하면 왠지 약해 보일 것 같고, 터프하게 행동하면 강해 보일 것 같지만 실제로는 전혀 그렇지 않다. 두려움이 없기 때문에 다정하고 친절할 수 있는 것이다. 반대로, 두려운 게 많은 사람은 누가 자신의 본색을 알까 봐 이를 감추려고 겉으로 터프하게 행동할 뿐이다.

---

tenderness 다정함, 부드러움 sign 표시, 표지(판) despair 절망, 절망하다
manifestation 표현, 명시, 발현 resolution 결심, 결단력, 해결

서둘러 척척 일하라

Things may come to those who wait,
but only the things left by those who hustle.

Abraham Lincoln

일은 기다리는 자에게 올 것이다.
그러나 서둘러 척척 일하는 자가
남겨 놓은 일만 하게 될 것이다.

에이브러햄 링컨

'일은 기다리는 사람에게 갈 것이다'라는 말이 있다. 그러나 링컨이 지적하듯이 기다리는 사람이 할 수 있는 일이라고는 적극적으로 나서고 서둘러서 척척 일하는 자가 남겨 놓은, 즉 별 볼 일 없는 일들뿐이다. 가만히 앉아서 당신에게 적합한 일이 하늘에서 떨어지리라 기대하지 말라. 어차피 그런 일들은 별 볼 일 없다.

---

hustle (서둘러) 척척 일하다, 밀고 나아가다, 거칠게 밀치다

정말 위대한 재능

A really great talent finds
its happiness in execution.
Johann Wolfgang von Goethe

**정말 위대한 재능은
그 행복을 실행에서 찾는다.**
요한 볼프강 괴테

자신은 재능이 많은데 성공하지 못한다고 한탄하거나 또는 세상이 나를 제대로 알아보지 못한다고 원망할 수 있다. 그러나 그전에 자신의 재능을 최선을 다해 행동으로 옮겼는지 뒤돌아보라. 당신에게 어떤 재능이 있든 이를 최선을 다해 세상에 구현하지 않으면 어떠한 바람직한 결과도 나올 수 없다. 당신의 재능에 혼자 감탄하고 있지 말고, 서둘러 이를 발현하라.

---

talent 재능 execution 실행, 처형

의심의 상처

There is a confidence necessary
to human intercourse, and without which
men are often more injured by their own
suspicions than they would be
by the perfidy of others.

Edmund Burke

사람들 간의 교제에서는 확신이 필요하다.
확신이 없다면 사람들은 다른 사람의 불신에 의해서보다
스스로의 의심에 의해 보다 자주 상처 입을 것이다.
에드먼드 버크

사람과 사귀는 데에 있어서는 무엇보다 스스로의 확신이 필요
하다. 저 사람이 과연 진실한 우정을 위해 나를 만나는지 스스로
확신하지 못한다면, 함께하는 시간이 상대에 대한 의심으로 괴
로운 순간이 될 것이다.

---

confidence 신용, 확신 necessary 필요한 intercourse 교제, 거래
injure 상처 입히다 suspicion 의심, 회의 perfidy 불신, 배반

기꺼이 주는 사랑

Pure love is a willingness to give without a
thought of receiving anything in return.

Peace Pilgrim

순수한 사랑은 답례로 무엇을 받을 것이라는
생각을 하지 않고 기꺼이 주는 것이다.

피스 필그림

답례를 생각하면서 누군가에게 잘해주는 것은 사랑이 아니라 거래다. '선물을 사줬으니 나에게도 뭔가를 해달라'라는 뉘앙스로 말하는 사람은 당신의 인격을 존중하는 것이 아니며, 당신으로부터 얻고자 하는 것이 있어서 교제하는 사람이다. 그런 사람은 당신을 진정으로 사랑하지 않을뿐더러 사랑 그 자체도 모르는 사람이다.

---

pure 순수한, 흠 없는 willingness 기꺼이 ~하는, 자발적인 thought 생각, 사고
receive 받다, 수신하다 in return 답례로

상심은 금물

The greatest test of courage on earth
is to bear defeat without losing heart.

Robert Green Ingersoll

세상에서 용기를 가장 크게 시험하는 것은
상심하지 않으면서 패배를 견딜 수 있는가 하는 것이다.
로버트 그린 잉거솔

인생에서 계속 성공만 거둔다면 용기는 필요 없다. 단지 겸손하는 법만 배운다면 충분한 미덕을 갖출 것이리라. 그러나 우리의 인생은 성공보다는 실패가 많을 수밖에 없고, 이 때문에 무엇보다 용기가 필요하다. 우리가 진정한 용기를 가지고 있다면 실패가 계속되더라도 상심하지 않고 꿋꿋이 패배를 견디며 이를 극복해낼 수 있다.

test 시험, 시련 bear 참다, 견디다

좋은 사람들과 함께

Associate with the good and
you will be one of them.

Spanish Proverb

**좋은 사람들과 교제하라
그러면 당신도 그들 중 한 명이 될 것이다.**
스페인 속담

우리의 사고와 행동은 가까운 사람의 영향으로부터 자유로울 수 없다. 좋은 사람들을 사귀면 자신도 모르게 그들의 말과 행동, 생활태도 및 습관에 영향을 받기 때문에, 어느새 당신도 그들과 비슷한 사람이 될 것이다. 마찬가지로 나쁜 사람들과 사귀어도 영향을 받지 않을 수 없으며, '나만 잘하면 되지'라고 생각한다면 이는 스스로를 지나치게 과대평가하는 것이다.

---

associate 연합시키다, 연상하다, 제휴하다, 교제하다, 동료, 연합의

사람을 섬겨라

God is everywhere but He is most manifest
in man. So serve man as God.
That is as good as worshipping God.

Ramakrishna

하나님은 어디에도 있지만 사람 안에서 가장
명백하게 나타난다. 그렇기에 사람을 하나님과 같이
섬겨라. 그것은 하나님을 예배하는 것이나 다름없다.
라마크리슈나

종교를 가진 사람들 중에 해당 종교가 모시는 신만을 생각하며, 인간 자체를 무시하거나 신을 숭배하는 과정에서 인간을 단지 수단이나 도구로 간주하는 이들이 있다. 종교적인 입장에서도 인간 모두는 신의 창조물이기 때문에 신의 섭리가 깃들어 있는 존재이다. 따라서 신을 섬기는 것과 마찬가지로 인간을 섬겨야 하며, 인간이 만들어가는 이 세상 역시 최선을 다하여 섬겨야 한다.

manifest 명백한 serve 섬기다, 봉사하다, 도움이 되다
worship 예배, 숭배, 예배하다, 숭배하다, 섬기다

낙원으로 가는 길

Patience is the key to paradise.
Turkish Proverb

인내는 낙원으로 가는 열쇠다.
터키 속담

힘겨운 순간을 참고 기다리지 않으면 커다란 기쁨의 순간 역시 도래하지 않는다. 지금의 인내는 끝이 있는 기다림이다. 참고 견디며 마침내 바라는 바를 이룬다면 당신을 기다리고 있는 낙원과 마주할 수 있다. 당신의 낙원은 어떤 모습인가? 힘겨울수록 낙원의 모습을 구체화해보라. 아마 큰 도움이 될 것이다.

paradise 낙원

고난의 무게를 줄여라

To shun one's cross is to make it heavier.

Henri Frederic Amiel

자신의 고난을 피하는 행동은
고난을 보다 무겁게 한다.
앙리 프레데릭 아미엘

갚아야 할 빚을 무시하고 차일피일 미루다 보면 어느새 빚이 눈덩이처럼 불어나는 것과 같이, 고난에 맞서지 않고 피하기만 하면 오히려 고난은 감당하기 힘들 정도로 거대해져 버린다. 우리는 고난을 피할 수 없다는 사실을 알면서도 어떻게든 미뤄보려고 한다. 하지만 피하고자 한다고 피할 수 있다면 이는 고난이라 할 수도 없으리라.

shun 피하다, 회피하다 cross 십자가, 십자 표시, 고난

잃어도 좋은 친구

You don't lose anyone when
you lose fake friends.
Joan Jett

**가짜 친구들을 잃을 때 당신은
누구도 잃는 것이 아니다.**
조안 제트

당신과 가까이 지낸다거나 친하다고 해서 그 모두가 당신의 친구는 아니다. 진정한 친구도 아닐진대 왜 당신이 커다란 상실감을 느끼며, 그토록 슬퍼해야 하는가? 그 사람들의 말과 행동을 돌이켜보라, 과연 진정한 친구였는지 아니면 당신에게 고통만 주었는지. 지금까지 당신에게 고통만 안겨준 그들이 당신을 떠났다면 오히려 기뻐해야 할 일이 아닌가?

lose 잃다, 잊어버리다 fake 가짜의, 사기의

미리 슬퍼하지 말 것

There's plenty of time to bemoan
bad fortune once it arrives.

Yiddish Proverb

**불행을 슬퍼할 시간은
일단 불행이 오고 나서도 충분히 많다.**

유대교 속담

우리는 불행이 닥치기 전에 미리 과도하게 걱정하며 슬퍼하는 경향이 있다. 그러다 보면 현재에 최선을 다하지 못해 오히려 우리가 걱정하는 방향으로 상황이 흐를 가능성이 더욱 커진다. 불행은 막상 불행이 닥친 뒤에 슬퍼해도 충분하기 때문에, 현재에는 현재만을 생각하며 최선을 다해 열심히 일해야 한다.

---

plenty of 많은 bemoan 슬퍼하다, 한탄하다 bad fortune 불행

바쁘게 살라

It is difficult for sorrow
to intrude on a busy life.
Author Unknown

슬픔이 바쁜 삶을 침범하기는 어렵다.
작자 미상

안타까운 일을 겪었거나 이별로 힘들 때, 슬퍼하고만 있으면 더욱더 헤어나기 힘들다. 잘못하면, 스스로의 감정에 과도하게 몰입하여 몸과 마음이 감당할 수 없는 지경에 이를 수도 있다. 너무나도 슬퍼 아무 일도 할 수 없을 것 같은 때일수록 몸을 바쁘게 움직여야 한다. 바쁘게 살다 되돌아보면 그때의 슬픔은 별것 아닌 일로 기억되거나 어느새 잊어버리게 된다.

sorrow 슬픔   intrude 침범하다, 침입하다

지금보다 나은 사람이길

Always dream and shoot higher than
you know you can do. Don't bother just
to be better than your contemporaries or
predecessors. Try to be better than yourself.
William Faulkner

언제나 당신이 할 수 있다고 보는 것보다 높게
꿈꾸고 바라보라. 단지 동기나 전임자보다 낫도록
신경 쓰는 것이 아닌, (현재의) 자신보다
더 나은 사람이 되도록 노력하라.
윌리엄 포크너

미래를 설계할 때 가장 경계해야 할 점은 별다른 노력 없이도 이룰 수 있는 미래를 그리는 것이다. 당신이 할 수 있는 것은 당신의 흔한 친구나 이웃이 할 수 있는 것보다 훨씬 대단한 것이다. 그런데 그들과 왜 비교를 하는가? 별 볼 일 없는 주변 사람들과 비교하지 말고, 당신 스스로 보다 훌륭한 사람이 되도록 노력하라.

---

shoot 쏘다, 사살하다, 향하게 하다 predecessor 전임자, 선배
bother 괴롭히다, 신경 쓰다 contemporary 동시대의, 현대의

훌륭하고 고귀한 과업

I long to accomplish a great and noble task
but it is my chief duty to accomplish
small tasks as if they were great and noble.

Helen Keller

나는 하나의 훌륭하고 고귀한 과업을 이루길 간절히
바란다. 그러나 나의 주된 의무는 작은 과업들을
마치 훌륭하고 고귀한 것처럼 이루어내는 일이다.

헬렌 켈러

아무리 큰 꿈을 가지고 있더라도 지금 자신에게 주어진 작은 일
들을 제대로 해내지 못한다면 그 꿈은 하나의 몽상일 뿐이다. 훌
륭하고 고귀한 과업을 이루어내기 위해서는 우선 지금 해야 할
작은 과업들에 최선을 다해야 하며, 또한 작은 것도 해내지 못한
다면 결코 큰일을 성취할 수 없으리라.

accomplish 이루어내다, 성취하다 noble 고귀한, 귀족의
chief 주요한, 주된, 제1의 duty 의무 task 과업, 일

성취하라! 성취하라!

Think of yourself as on the threshold
of unparalleled success.
A whole, clear, glorious life lies before you.
Achieve! Achieve!

Andrew Carnegie

스스로를 전대미문의 성공의 출발점에 있다고
생각하라. 완전하고, 흠 없는, 영광스러운 삶이
당신 앞에 있다. 성취하라! 성취하라!

앤드류 카네기

당신은 지금 여러 가지로 힘들고 불확실한 미래 때문에 근심하
고 있지만, 바로 이 순간이 전대미문의 성공의 출발점임을 명심
하라. 그리고 앞으로 당신에게 펼쳐질 영광스러운 길에 대한 확
신을 가지고, 미련과 후회를 접어두고 앞만 보며 열심히 일을 추
진하라. 찬란한 미래가 당신을 기다리고 있다.

---

on the threshold of ~의 시초(출발점)에 whole 완전한, 전부의
unparalleled 비교대상이 없는, 전대미문의   glorious 영광스런

크게 꿈꿔라

Big dreams create the magic
that stir men's souls to greatness.
Bill McCartney

큰 꿈들은 사람들의 영혼들을 휘저어
위대함에 이르도록 하는 마법을 창조한다.
빌 메카트니

꿈을 크게 가지는 것만으로 당신의 삶은 변화될 수 있다. 무의미한 환상이나 로또에 당첨되고 싶다는 허황된 소원이 아닌 진정으로 당신이 원하고 인생을 바칠 만한 꿈을 가져라. 그럴 경우 당신의 영혼은 고양되어 이전과는 다른 영혼을 가진 인간으로 탈바꿈될 것이고, 이는 결국 당신의 삶을 완전히 변모시킬 것이다.

create 창조하다, 만들어내다 greatness 위대함, 거대함
stir 휘젓다, 움직이다, 분발시키다 magic 마법

소원이 아닌 목적을

Great minds have purposes; little minds
have wishes. Little minds are subdued
by misfortunes; great minds rise above them.

Washington Irving

위대한 사람은 목적이 있으며,
하찮은 사람은 소원이 있다. 하찮은 사람은
불행에 정복되지만, 위대한 사람은 불행을 넘어선다.
워싱턴 어빙

당신 삶의 목적을 정하고 인생을 그 목적을 성취하는 데에 매진
하라. 소원은 막연하고 남이 대신 이뤄줄 수도 있는 것이지만,
내 삶의 목적은 나만이 결정하고 이루어낼 수 있다. 즉, 나 자신
이 내 인생의 참주인이 될 때에만 불행이 엄습해도 결코 좌절하
지 않고 스스로 이를 넘어설 수 있다.

---

mind 마음, 정신, 머리, ~한 사람 purpose 목적, 목표 wish 소원
subdue 정복하다, 억제하다 misfortune 불행, 불운
rise 일어서다, 오르다, 기상하다, 치솟다

모든 물감을 쏟아라

Life is a great big canvas,
throw all the paint you can at it.
Danny Kaye

인생은 하나의 커다란 캔버스와 같다.
가능한 모든 물감을 거기에다 쏟아부어라.
대니 케이

이 세상에서 당신에게 주어진 삶은 지극히 유한하다. 그 짧은 시간을 살면서 당신은 당신이 가진 모든 것을 아끼지 말고 쏟아부어야 한다. 그럴 때에만 당신은 당신에게 주어진 역량을 비로소 구체화할 수 있으며, 또 그럴 때에만 나중에 인생의 끝에서 눈감을 때 후회가 없으리라.

---

canvas 캔버스, 화포, 텐트 paint 물감, 그리다

다이아몬드 같은 친구를

True friends are like diamonds,
precious and rare. False friends are like leaves,
found everywhere.

Author Unknown

진정한 친구는 다이아몬드와 같이 귀중하면서도
드물다. 거짓 친구들은 낙엽과 같이
어디에서나 발견된다.
작자 미상

진정한 친구는 매우 드물기 때문에 친구가 몇 명 없다고 아쉬워
할 필요는 없다. 대신 그 친구들을 소중히 생각하면서 우정을 영
원히 유지하려 노력해야 한다. 당신을 이용하려는 사람들을 경
계하면서 또한 그 사람들 때문에 진정한 친구를 잃지 않도록 조
심해야 한다.

---

precious 귀중한, 비싼 rare 드문, 진귀한

행복의 기술

The art of being happy lies
in the power of extracting happiness
from common things.
Henry Ward Beecher

**행복해지는 기술은 흔한 것들에서부터
행복을 뽑아내는 힘에 있다.
헨리 워드 비처**

행복의 기술은 보물 상자 속에 감추어진 특별한 것이 아니라, 원하는 누구에게나 열려 있다. 그것은 다른 사람이 흔하고 별 볼 일 없다고 생각하는 것들에 커다란 의미를 부여하여 소중히 하는 기술이다. 예를 들어, 친구의 미소를 소중히 여긴다면 우리는 친구의 미소로부터 행복을 찾아낼 수 있다. 이러한 기술을 통해 우리는 보다 쉽게 그리고 보다 자주 행복해질 수 있다.

---

extract 뽑아내다, 발췌하다 common 흔한, 공통의, 일반의

끊이지 않는 친절의 샘

Wit is an intermittent fountain,
kindness is a perennial spring.

Marie von Ebner-Eschenbach

**재치는 간헐적인 분수와 같고,
친절은 끊이지 않는 샘과 같다.**
마리 폰 에브너에센바흐

재치가 부족하여 사람과의 관계에 자신이 없다고 스스로 책망하지 말라. 재치는 선택사항일 뿐이며 보다 중요한 것은 친절이다. 재치가 많으면 당신은 그저 사람들 사이에서 재미있는 친구로 생각되겠지만, 친절하다면 따뜻하고 배려심 많은 친구로 생각될 것이다. 둘 중 누가 더 소중한 사람으로 여겨질 것이며, 사람들이 누구를 더 친구로 사귀고 싶어 할 것인가?

---

wit 재치, 위트 intermittent 간헐적인, 때때로 중단되는 fountain 분수, 샘
perennial 연중 끊이지 않는, 계속되는 spring 샘, 용수철, 튀어 오름

거짓말쟁이의 도구

The trust of the innocent
is the liar's most useful tool.
Stephen King

순진한 사람들의 신뢰는
거짓말쟁이의 가장 유용한 도구이다.
스티븐 킹

신뢰, 즉 남을 믿는다는 것은 숭고하지만 아무나 믿는다거나 나쁜 사람을 믿는다면 당신에게 치명적인 해악을 끼칠 수 있다. '그래도 사람을 믿어야지'라는 안일한 마음가짐을 갖지 말고 확실한 근거가 없다면 우선은 의심스러운 태도를 취하는 편이 옳다. 특히 거짓말쟁이들은 말을 유달리 잘하기 때문에, 그들의 말에 현혹되지 않도록 조심해야 한다.

---

trust 신뢰, 믿음 innocent 죄 없는, 순진한 liar 거짓말쟁이
useful 유용한, 도움 되는 tool 도구, 수단

헛된 수고

He labors vainly, who endeavors
to please every person.
Latin Proverb

모든 사람을 기쁘게 하려고 노력하는 사람은
헛되이 수고하는 것이다.
라틴 속담

당신이 아무리 괜찮은 사람일지라도 모든 사람이 당신을 좋아할 수는 없다. 그러니 애초에 그런 기대 자체를 말고, 당신을 사랑해주며 당신이 사랑하는 사람들의 기대를 저버리지 말고 그들이 기뻐할 만한 행동만 하면 된다.

---

labor 노동, 노동하다, 애쓰다 vainly 헛되이, 쓸데없이, 자만하여
endeavor 노력, 노력하다, 애쓰다 please 기쁘게 하다

모욕 사절!

It is not he who reviles or strikes you
who insults you, but your opinion
that these things are insulting.

Epictetus

당신을 모욕하는 자는 당신을 욕하거나
때리는 자가 아니라, 이러한 것들이
당신을 모욕하고 있다는 당신의 의견이다.

에픽테토스

당신을 모욕하는 사람은 다른 사람이 아닌 자기 자신이다. 당신 스스로 떳떳하다면 남들이 당신에게 가하는 모욕이 무슨 소용인가? 남들의 눈과 입을 과도하게 신경 쓰면서 괴로워한다면 이는 스스로를 학대하는 것과 다름없다. 스스로의 목표를 세우고 그 목표를 담대히 추진해나가며 남들이 당신에게 가하는 평가는 과감히 무시하라.

---

revile 욕하다, 욕설하다 strike 치다, 때리다, 습격하다
insult 모욕, 무례, 모욕하다 opinion 의견, 견해

진실한 벗과 함께

I want friends, not admirers. People who
respect me for my character and my deeds,
not my flattering smile. The circle around me
would be much smaller, but what does
that matter, as long as they're sincere?

Anna Frank

나는 친구들을 원하지 찬양자들을 원하지는 않는다.
알랑거리는 미소가 아닌, 인격과 행동으로 인해 나를 존중하는
그런 사람들을 원한다. 교우관계가 매우 적어질 테지만,
그것이 무슨 상관인가? 그들이 진실하기만 하다면.

안네 프랑크

인격과 행동이 마음에 들어 사귀는 친구가 진정한 친구가 된다.
예쁘다고, 돈이 많다고, 힘이 세다고 붙는 이들은 뭔가 이득을 얻
고자 하는 마음 때문에 친구로 지내기를 원하는 것뿐이다. 친구를
많이 사귀는 것보다 진실한 친구를 사귀는 것이 중요하기 때문에
비록 수는 적더라도 진정한 친구를 가려서 사귈 수 있어야 한다.

circle 원, 범위, 집단, 관계 respect 존중하다, 존경하다 character 인격, 성격, 특징
deed 행동, 행위 flattering 아부하는, 아첨하는 sincere 진실한, 신실한

이미 가진 것과 나중에 배운 것

Love is what we were born with.
Fear is what we learned here.

Marianne Williamson

사랑은 우리가 가지고 태어난 것이다.
두려움은 우리가 여기서 배운 것이다.

마리안 윌리암슨

사랑은 누가 가르쳐주지 않아도 저절로 알게 되는 것이기에 우리의 생이 시작하는 순간부터 함께 주어진다. 이에 반해, 두려움은 커가면서 점점 더 알게 되는 것이다. 이를테면, 아주 어렸을 때는 벌레가 제일 무섭지만, 나중에 어른이 되면 사람이 제일 무섭다는 사실을 깨닫는 것과 같다.

---

fear 두려움, 무서움, 공포

불가능한 실패

Believe and act as if
it were impossible to fail.
Charles F. Kettering

**그것에 실패하는 것이 불가능한
것처럼 믿고 행동하라.**
찰스 F. 케터링

우리가 일을 행할 때는 스스로에 대한 믿음이 반드시 필요하며,
확실한 믿음을 가질수록 그것을 보다 완벽하게 이뤄낼 수 있다.
실패의 기억과 두려움은 깡그리 없애버리고 성공할 수밖에 없
다는 확신을 가지고 일을 추진하라. 그러면 처음에는 불가능하
게 보이던 일들도 결국에는 성공적으로 완수해낼 수 있다.

act 행동, (연극) 막, 법령, 조례

충분히 투자하라

We can do anything we want to do
if we stick to it long enough.

Helen Keller

우리는 우리가 원하는 무엇이든 할 수 있다.
만약 우리가 그것에 충분히 오랫동안 매달린다면.

헬렌 켈러

간절히 이루고자 하는 일이 있다면 무엇보다 인내가 필요하다. 몇 번 시도해보고 안 되면 바로 포기하지 말고, 실패가 거듭되어도 결코 좌절하지 말고 다시금 시도하라. 만약 능력이 부족하다고 느낀다면 남들보다 더 많은 시간을 투자하라. 인내와 시간이 결합할 때 우리는 결코 이루지 못할 일이 없다.

stick 막대기, 지팡이, 찌르다, 고정하다, 달라붙다, 매달리다

진정한 우정의 길

The only way to have a friend
is to be one.

Ralph Waldo Emerson

**친구를 가지는 유일한 길은
친구가 되는 것이다.**
랠프 월도 에머슨

외로워서 친구를 가지고 싶다면 이를 해결할 수 있는 유일한 길은 당신이 누군가의 진정한 친구가 되는 것이다. 누군가 당신의 친구가 되기를 원하기만 하는 대신, 당신이 적극적으로 누군가의 친구가 되기를 희망하라. 당신이 누군가의 진정한 친구가 되기로 마음먹고 또 그렇게 행동한다면 진정한 우정의 길에 한 걸음 더 다가설 수 있다.

힘의 집중

One reason so few of us achieve what
we truly want is that
we never concentrate our power.
Anthony Robbins

진정 원하는 것을 이루는 사람이 거의 없는
이유 중 하나는 우리의 힘을 집중하지 않기 때문이다.
앤서니 라빈스

우리의 실제 능력은 유한하지만, 생각만으로는 무엇이든 손만 대면 다 잘할 것처럼 느껴진다. 착각하지 말자. 어느 누구도 이것 저것 손대는 일마다 다 잘할 수 없다. 하나에만 집중하여 자신의 모든 것을 바칠 때에만 우리는 진정 원하는 바를 이룰 수 있다.

reason 이유, 이성 concentrate 집중하다
dabble 물을 튀기다, 장난삼아 하다, 이것저것 손대다
master 주인, 정통하다 in particular 특정한, 특히

탁월함의 정체

Excellence is the gradual result of
always striving to do better.
Pat Riley

탁월함은 언제나 보다 잘하려고
노력하는 것의 점진적인 결과이다.
팻 라일리

어떤 분야에서 탁월하고 싶다면 자신의 역량을 다하여 꾸준하게 최선을 다하는 태도가 필요하다. 즉, 쉽게 만족하지 말고 언제나 좀 더 완벽한 것을 이루어내기 위해 노력해야 한다. 꾸준히 그렇게 하다 보면 어느새 그 분야의 최고 전문가로 불리게 될 것이다.

---

excellence 우수, 탁월함 gradual 점진적인, 단계적인 result 결과
strive 노력하다, 얻으려고 애쓰다

성공의 비밀

To follow, without halt, one aim:
that's the secret of success.

Anna Pavlova

하나의 목표를 중단 없이 좇는 것:
그것이 성공의 비밀이다.
안나 파블로바

아주 짧은 문장이지만, 성공을 위해 가장 중요한 두 가지가 포함
되어 있다. 목표를 가지는 것과 이를 이루기 위해 인내하는 것.
성공을 이루기 위해서는 먼저 목표를 명확히 가져야 한다. 명확
한 목표가 있어야 성공에 이르는 길이 구체적으로 보이기 때문
이다. 그리고 이를 위해서는 실패와 좌절에도 불구하고 자신을
다그쳐 계속적으로 일을 해나가는 것이 필수적이다.

---

follow 좇다, 따르다, 따라 하다 halt 중단, 멈춤, 중단하다 aim 목표, 겨냥, 겨누다

느리더라도 꾸준히

Slow but steady wins the race.

Aesop

느리더라도 꾸준하면 경주에서 이긴다.
이솝우화

이솝의 유명한 우화인 '토끼와 거북이'의 맨 마지막에 나오는 문장이다. 모두 알다시피, 거북이는 능력은 부족했지만 성실하게 자기가 해야 할 바를 행했다. 초반 레이스의 불리한 상황에도 좌절하지 않았으며 토끼를 앞서고 나서도 결코 들뜨지 않고 결승선까지 꾸준히 나아가 결국에는 승리를 거뒀다. 우리의 삶도 마찬가지다. 능력이 부족하고 상황이 불리해도 꾸준하게 해야 할 바를 행한다면 결국에는 승리할 수 있다.

steady 꾸준한, 성실한 race 경주, 경주하다, 인종, 혈통

인식하고 받아들여라

The first step toward change is awareness.
The second step is acceptance.

Nathaniel Branden

**변화를 향한 첫걸음은 인식이며,
두 번째 걸음은 받아들이는 것이다.**
나다니엘 브랜든

현재의 상황과 자신의 단점을 제대로 인식하는 것이 당신의 삶을 바꾸기 위한 첫 번째 단계이다. 그다음에는 현재의 어려움과 스스로 고쳐야 할 점들을 과감하게 받아들이자. 현 상황 및 단점에 대한 올바른 인식과 과감한 인정 없이는 어떠한 변화도 불가능하다. 꽉 막힌 마음으로는 어떤 개선도 이룰 수 없다.

awareness 인식, 각성 acceptance 인정, 받아들임

우리 모두는 죄인

Forbear to judge,
for we are sinners all.
William Shakespeare

사람을 심판하는 것을 자제하라.
왜냐하면 우리 모두는 죄인이기 때문이다.
윌리엄 셰익스피어

우리는 남의 허물을 찾아내어 심판하려는 경향이 있으며, 허물이 잘 보이지 않을수록 기를 쓰고 찾아내어 그들을 심판하려 한다. 이는 상대뿐만 아니라 자신에게도 치명적인 해악이 되기 때문에 삼가야 한다. 무엇보다 우리 스스로가 허물이 많은 존재이기 때문에 우리에게는 그럴 권리가 없다.

---

forbear 참다, 자제하다 judge 심판하다, 판단하다, 재판관 sinner 죄인

등 뒤에선 품위 있게

The only really decent thing to
do behind a person's back is pat it.

Author Unknown

사람의 등 뒤에서 하는 유일하고
진짜 품위 있는 행위는
등을 톡톡 가볍게 두드리는 것이다.
작자 미상

사람의 등 뒤에서 하는 가장 흔한 행동은 뒷담화이며 가장 치명적인 행동은 등 뒤에서 칼로 찌르기일 것이다. 비록 후자의 경우는 거의 없겠지만, 전자의 경우 역시 삼가야 한다. 뒷담화는 자체로 지극히 품위 없는 행동일 뿐 아니라, 뒷담화의 대상에게 해악을 끼치며 또한 듣는 상대 역시 언제 자신의 뒷담화를 할지 모른다고 생각하기 때문에 당신과 거리를 두고자 할 것이다.

decent 품위 있는, 알맞은, 예의 바른 pat 톡톡 두드리다, 가볍게 두드리기

불안의 고통

There are more things to alarm us
than to harm us, and we suffer more often
in apprehension than reality.

Seneca

우리에게 해를 입히는 것보다
우리를 불안하게 하는 것들이 많으며,
우리는 실재보다 불안으로 보다 자주 고통받는다.

세네카

실제 우리를 해치는 것보다, 우리는 그에 대한 불안 때문에 스스로 해를 입히는 경우가 더 많다. 당신을 불안에 떨게 하는 그것에 대해 당신이 가진 대처 능력은 걱정하는 이상으로 뛰어난 경우가 대부분이다. 또한, 당신이 아니더라도 주변에서 미처 예상 못한 도움의 손길을 줄 수도 있다. 결코 스스로를 불안의 구렁텅이에 빠뜨리지 말라.

---

alarm 경보, 놀라게 하다, 불안하게 하다 suffer 고통받다
apprehension 불안 reality 실재

친밀함 요청하기

Interestingly, the best way
to promote intimacy is to demand it.

George Weinberg

**흥미롭게도, 친밀함을 촉진하는
가장 좋은 방법은 그것을 요구하는 것이다.**

조지 와인버그

누군가와 친밀하게 지내기를 원한다면 당신이 먼저 그 사람에게 친밀하게 다가서고 또한 그 사람에게 당신과 보다 친밀해질 것을 요구해야 한다. 이를테면, 주기적으로 연락하여 당신이 그 사람을 자주 생각하며 친구로 지내고 싶어 한다는 마음을 표현해야 한다. 그러면, 상대방의 마음이 얼음이 아닌 이상 당신에게 호의적으로 변할 것이다.

---

promote 촉진하다, 홍보하다 intimacy 친밀함, 은밀함 demand 요구하다, 수요

미소가 용기를 돋운다

Smile, for everyone lacks self-confidence
and more than any other one thing
a smile reassures them.

Andre Maurois

미소 지어라. 모두가 자신감이 결여되어 있고
다른 어떤 것보다 미소가 사람들의 용기를
돋우기 때문이다.

앙드레 모루아

남들은 자신감이 넘치지만, 당신은 여러모로 부족하기 때문에 자신감이 없다고 생각할 수 있다. 그러나 극소수의 사람을 제외하고는 우리 모두가 자신감이 부족한 상태다. 미소를 지어라. 이는 당신 스스로의 긴장을 누그러뜨려 보다 자신감 있게 일을 추진할 수 있도록 도와주고, 남들의 긴장감도 누그러뜨려 주어 그들에게 용기를 불어넣을 것이다.

> lack 결여하다, 부족하다, 결여, 부족 self-confidence 자신감
> reassure 용기를 주다, 안심시키다, 재보증하다

만족하는 마음

You traverse the world in search of happiness,
which is within the reach of every man.
A contented mind confers it on all.

Horace

당신은 행복을 찾아 세계를 가로지르지만,
행복은 모든 사람의 손에 쉽게 닿는 곳에 있다.
만족하는 마음은 모두에게 행복을 준다.

호라티우스

당신이 어떤 상황에 있든 행복은 당신의 손이 닿지 않는 저 멀리에 존재하는 것이 아니라 손을 뻗으면 언제든지 닿을 수 있는 가까운 거리에 있다. 게으름을 피우고 나태한 삶을 살면서 불행하다고 한탄만 하지 말고 당신에게 주어진 것에 만족하며 그 안에서 당신이 할 수 있는 최선을 다하라. 당신의 (새로운) 모습에 만족할 수 있다면 삶은 행복해질 것이다.

---

traverse 가로지르다, 횡단하다 in search of ~을 찾아 contented 만족한
confer 주다, 수여하다, 의논하다

샘이 되어 흘러넘칠 것

Be like the fountain that overflows,
not like the cistern that merely contains.

Paulo Coelho

물이 넘쳐흐르는 샘이 되어라,
단지 물을 담고만 있는 수조가 되지 말고.
파울로 코엘료

타인의 친절과 호의, 혜택을 받으려고만 하지 말고 최대한 주도
록 노력하며, 또 그렇게 줄 수 있는 사람이 되기 위해 스스로를
갈고닦아라. 그런 마음가짐이 당신을 보다 훌륭한 인물로 만들
고, 주변의 사람들, 특히 당신이 사랑하는 사람들 역시 당신으로
인해 보다 행복해질 것이다.

---

fountain 샘, 분수 overflow 넘쳐흐르다, 넘치다 cistern 수조, 물통
merely 단지, 다만 contain 담다, 내포하다, 안으로 억누르다

모방을 삼가라

To refrain from imitation is the best revenge.

Marcus Aurelius

모방을 삼가는 것이 최고의 복수이다.

마르쿠스 아우렐리우스

당신이 정말 싫어하는 사람이 있다면, 당신이 할 수 있는 최고의 복수는 그와 닮지 않는 것이다. 예컨대 가정폭력을 겪고 큰 남자는 나중에 가정에서 똑같은 폭력을 휘두를 확률이 적지 않다는 통계가 있는데, 그럴 경우 그 남자는 자신의 아버지와 똑같이 행동함으로써 일종의 존경을 표하는 것이다. 무릇, 욕하는 자의 행동과 비슷한 행동을 한다면 이는 스스로를 욕보이는 셈이다.

refrain 그만두다, 삼가다, 후렴 imitation 모방, 따라 하기
revenge 복수, 보복, 원한을 갚다

잃는 것은 한순간

You can gain a friend in a year
but lose a friend in a minute.

Author Unknown

당신은 일 년 동안 한 명의 친구를 얻을 수 있지만,
일 분 안에 한 명을 잃을 수도 있다.
작자 미상

친구는 많은 행위로 인해 만들어지지만, 단 한 번의 실수로 잃을
수 있다. 좋은 친구를 사귀는 것은 시간과 정성이 많이 소요되는
지극히 어려운 일이지만, 잃는 것은 한순간이다. 예를 들어, 배
려심 없는 행위를 함부로 하다 보면 수년간의 우정을 위한 노력
이 물거품이 될 수 있기에 아무리 가까운 친구라도 말과 행동을
조심해야 한다.

act 행동, 행위, (연극) 막 lose 잃다, 느리다, 놓치다

사랑의 표시로써

Get not your friends by bare compliments,
by giving them sensible
tokens of your love.

Socrates

**노골적인 칭찬이 아닌 당신의 사랑을 느낄 수
있는 표시를 줌으로써 친구들을 얻어라.**

소크라테스

맘에 드는 사람이 있어 친구로 지내고 싶다면 빤히 눈에 보이는
노골적인 칭찬을 삼가라. 그 사람이 신실한 사람이라면 그런 노
골적인 말에 대해 반감을 가질 것이다. 모든 소중한 것을 얻는
데에는 정성이 필요하기에, 그들이 진정 좋아할 만한 것이 무엇
인지 시간을 두고 알아보고 당신의 진심이 담긴 우호의 표시를
줌으로써 친구로 만들어라.

---

bare 적나라한, 벌거벗은, 그저 compliment 칭찬, 아첨, 경의
sensible 느낄 수 있는, 분별 있는 token 표, 표시, 상징

고귀한 생각

He never is alone that
is accompanied with noble thoughts.

John Fletcher

고귀한 생각이 동반된 사람은
절대 외롭지 않다.
존 플레처

세상에서 자신이 실현할 가치가 있다고 믿는 사람들에게 삶은 자신의 목표를 위한 하나의 과정이다. 그들에게 다른 사람들과 어울리는 것 자체는 그다지 큰 관심사항이 아니므로 '주위 사람들이 나를 싫어하면 어쩌지?'와 같은 걱정은 하지 않는다. 단지 같은 가치를 지닌 사람들과 함께 가고자 하며 시간적, 물리적 거리는 중요하지 않다.

accompany 동반하다, ~에 수반하여 일어나다 noble 고귀한, 귀족의

관용은 모두 주는 것

Tolerance is giving to every
other human being every right
that you claim for yourself.
Robert Green Ingersoll

**관용이란 당신 이외의 모든 인간에게 스스로를 위해
당신이 요구하는 모든 권리를 주는 것이다.**
로버트 그린 잉거솔

강자가 약자에게 강자가 누리는 똑같은 권리를 주는 것이 관용
이다. 우리 각자는 언제나 모든 분야에서 강자일 수 없다. 약자
의 권리를 강자의 권리만큼 소중히 여긴다면 사회 전체의 인권
수준이 높아질 것이며, 그럴 경우 사회 전체의 행복지수 또한 높
아지게 된다.

---

tolerance 관용, 아량, 포용력, 인내 human being 인간, 인류
claim 주장하다, 요구하다

숙고할 때, 행동할 때

Take time to deliberate, but when the time
for action has arrived, stop thinking and go in.
Napoleon Bonaparte

천천히 잘 숙고하라. 그러나 행동해야 할
시간이 도래하면, 생각을 멈추고 바로 착수하라.
나폴레옹 보나파르트

어떤 일을 하기에 앞서 요모조모 따져가며 신중히 숙고하는 것은 꼭 필요하다. 그러나 행동해야 할 시점에도 여전히 생각만 하고 앉아 있다거나, 행동하면서도 여전히 오만 가지 생각으로 가득 차 주저하면 안 된다. 행동할 시간이 되면 지체 없이 바로 일을 착수해야 하며, 그렇지 않으면 아무것도 이룰 수 없다.

deliberate 숙고하다, 심의하다, 신중한, 계획적인

행동하는 인간이 되라

Inaction breeds doubt and fear.
Action breeds confidence and courage.
Dale Carnegie

행동하지 않는 것은 의심과 두려움을 낳고,
행동은 자신감과 용기를 낳는다.
데일 카네기

행동할 필요를 느끼면서도 생각만 하고 있으면 의심과 두려움은 꼬리에 꼬리를 물고 점점 커져 결국 아무것도 못하게 된다. 반면 행동은 하면 할수록 자신감과 용기를 낳아 스스로를 성장시키고 일을 보다 수월하게 잘할 수 있도록 한다. 또한 의심과 두려움이 스스로를 잠식하는 위험을 막기 위해서라도 당신은 부지런히 몸을 움직여야 한다.

---

inaction 행동하지 않음 breed 낳다, 야기하다 confidence 자신감, 신뢰

인내는 현명의 동반자

Patience is the companion of wisdom.
Saint Augustine

인내는 현명함의 동반자이다.
성 아우구스티누스

인내는 능력이 부족하거나 힘이 약해서가 아니다. 참으로 현명한 사람만이 인내할 줄 안다. 순간적인 충동에 좌우되지 않고 자신을 잘 다스려, 다가올 기회에 자신의 능력을 폭발시킬 수 있는 힘이 있는 사람만이 인내할 줄 안다. 그런 의미에서, 인내는 자신의 약점을 감추는 수단이 아니라 장점을 보다 잘 드러내기 위한 무기와 같다.

---

companion 동반자, 동료, 상대

제대로 나를 드러내라

Accept your genius and
say what you think.

Ralph Waldo Emerson

**당신의 천재성을 받아들여 당신이
생각하고 있는 바를 말하라.**
랠프 월도 에머슨

남이 당신을 어떻게 생각할까 두려워하거나 당신의 생각이 보잘 것없지 않을까 걱정하지 말고, 적극적으로 생각을 표현하라. 당신은 천재다. 남들이 아직 발견하지 못한 바를 발견했으며, 남들이 생각하지 못하는 바를 생각해냈다. 그렇기에 당신이 생각하는 바를 과감히 말하라. 세상은 그 생각에 귀를 기울일 것이다.

---

accept 받아들이다, 수락하다, 용인하다 **genius** 천재, 천재성

어리석은 위선

I hope you have not been leading a double life,
pretending to be wicked and being good
all the time. That would be hypocrisy.

Oscar Wilde

나는 당신이 못된 체하면서도 줄곧 선량한,
이중적인 삶을 살아가고 있지 않기를 바란다.
그것은 위선이다.

오스카 와일드

당신의 본성은 착하고 선량하지만 그렇게 보이면 남들이 약하게 생각할까봐 염려하고, 남들이 강하게 봐주길 바라면서 일부러 못되게 행동하여 자신의 본모습을 감추는가? 위선은 남을 속이는 것이기에 그 자체로 좋지 않을뿐더러, 계속 그렇게 행동하다 보면 실제로 못되게 변하기 때문에 지극히 어리석은 행동이다.

double 두 배의, 이중의, 쌍의 pretend ~인 체하다 wicked 못된, 사악한
hypocrisy 위선

감사를 표현하라

Feeling gratitude and not expressing
it is like wrapping a present and not giving it.
William Arthur Ward

감사의 마음을 느끼면서 그것을 표현하지 않는다면
선물 하나를 포장하고 그것을 주지 않는 것과 같다.
윌리엄 아더 워드

다른 사람으로부터 감사의 표현을 듣는 사람은 매우 기쁘고 뿌듯할 것이며, 감사를 표현하는 사람 역시 기분이 좋아질 것이다. 나아가 감사를 적극적으로 표현하는 문화가 보편화되면 우리 사회가 보다 밝아지게 된다. 따라서 당신과 상대방, 그리고 우리 사회 모두를 위해 감사의 마음을 적극적으로 표현하는 일이 꼭 필요하다.

gratitude 감사, 사의 express 표현하다, 발산하다 wrap 싸다, 포장하다
present 선물, 현재의

호기심이 바로 재능

I have no particular talent.
I am merely inquisitive.

Albert Einstein

내게 특별한 재능이 있는 것은 아니다.
나는 단지 호기심이 많을 뿐이다.

알버트 아인슈타인

한 번 본 것을 잊지 않는다거나 복잡한 수리 계산을 단번에 해내는 사람이 진정한 천재는 아니다. 아인슈타인의 경우도 특별히 암기력이 좋거나 수학 점수가 좋지는 않았다. 그는 단지 모든 일에 호기심을 가지고 모르는 것이 있다면 즉각적으로 질문하거나, 직접 찾아보면서 궁금한 것의 답을 구했다.

---

particular 특별한, 특정의 talent 재능, 재주, 수완 merely 단지, 다만
inquisitive 호기심이 많은, 질문하기를 좋아하는

전적으로 들어라

When people talk, listen completely.
Most people never listen.
Ernest Hemingway

사람들이 말할 때, 전적으로 들어라.
대부분의 사람들은 절대 듣지 않는다.
어니스트 헤밍웨이

대화할 때 상대방의 말에 전적으로 집중하는 것이 당연한 듯 보이지만 실제로 이를 행하는 사람은 많지 않다. 대부분의 사람들은 경청하기보다는 상대방을 바라보며 전혀 딴생각을 하거나, 자기가 이 다음에 무슨 말을 할지 생각하고 있다. 그렇기 때문에 상대방의 말에 집중만 잘해도 당신은 사랑받는 사람이 될 수 있다.

---

completely 완전히, 전적으로, 완벽히

고정관념 버리기

Stereotypes are devices for saving
a biased person the trouble of learning.

Author Unknown

고정관념은 편견을 지닌 사람에게
배우는 수고를 면하게 해주는 장치이다.
작자 미상

고정관념을 가지고 있으면 편하다. 고정관념은 당신이 생각해야 하는 수고를 덜어주기 때문에 어렵게 생각할 필요가 없다. 예를 들어, 못사는 후진국에서 온 이웃이 후진적인 사고를 지니고 있을 것이라고 간단히 치부해버릴 수 있다. 그러나 그것이 진실은 아니지 않은가? 그것이 진실인지 아니면 편견에 불과한지를 알려면 그 사람과 심도 있는 대화를 하면서 스스로 생각해봐야 한다.

stereotype 고정관념, 판에 박힌 문구 device 장치, 도구
save 저축하다, 모으다, (수고, 어려움 등을) 면하게 하다
biased 편견을 가진 trouble 수고, 고생, 근심

미와 인격

It is beauty that captures your attention,
personality which captures your heart.
Author Unknown

당신의 관심을 사로잡는 것은 미(美)이다.
그러나 당신의 마음을 사로잡는 것은 인격이다.
작자 미상

외모에만 신경 쓰고 인격을 성숙시키는 일을 게을리하면 진정한 친구나 애인을 만나기 어렵다. 외모가 맘에 들어 사귀더라도 그 사람의 인격이 형편없다면 사람들은 금방 떠나가 버릴 것이다. 당신의 관심이 만남과 이별의 주기적인 반복이 아닌, 영구히 지속되는 진정한 우정과 사랑이라면 무엇보다 인격을 갈고닦아야 한다.

---

capture 붙잡다, 사로잡다, 포획 attention 관심, 배려, 주의
personality 인격, 성격

성공 아닌 실패가 교훈

It is fine to celebrate success but it is
more important to heed the lessons of failure.

Bill Gates

성공을 축하하는 것도 좋지만
실패의 교훈에 주의를 기울이는 것이 보다 중요하다.
빌 게이츠

인생을 살아가면서 겪는 성공과 실패는 그 자체로 끝이 아닌, 하나의 과정일 뿐이다. 성공은 우리를 자칫 거만하게 만들 수 있기 때문에 그런 면에서 실패가 장기적으로는 우리에게 보다 큰 도움이 될 수도 있다. 왜 실패했는지 차분히 분석하고 다시는 반복하지 않도록 노력하다 보면 실패는 인생의 큰 교훈으로 남을 것이다.

---

celebrate 축하하다, 찬양하다 heed 주의를 기울이다, 조심하다
lesson 수업, 교훈

우정을 묶는 신뢰

Confidence is the bond of friendship.

Publilius Syrus

신뢰는 우정을 묶는 것이다.

푸블릴리우스 시루스

인간관계에서 가장 경계해야 할 것 중의 하나가 의심인데, 의심은 본디 하면 할수록 계속 커지는 습성이 있다. 상대방에게 진실한 행동을 요구하기에 앞서, 당신이 먼저 진실한 행동을 보여주면 어떨까? 당신이 먼저 꾸준하게 진실한 우정을 만들려고 노력하다 보면 그 모습을 보고 친구 역시 당신을 진정으로 믿게 될것이며, 의심 대신 신뢰가 쌓여갈 것이다.

confidence 신뢰, 자신감, 확신 bond 묶는 것, 유대

융통성 있는 처신

Stay committed to your decisions,
but stay flexible in your approach.

Tom Robbins

당신의 결정 사항을 따르는 데에는 계속 전념하지만,
접근법에 있어서는 계속 융통성 있게 하라.
톰 로빈스

한번 결정했으면 흔들리지 말고 이를 반드시 이루고자 하는 마음가짐이 중요하다. 그렇지만, 그 결정 사항을 실현시키는 데에는 여러 가지 방법이 있음을 명심해야 한다. 우리는 한 가지 방법에 집착하여 과도하게 이를 고집하다 결국 자신이 진정 원하는 바를 이루지 못하는 경우가 적지 않다. 사람은 결함이 많은 존재이며 실수를 범하는 것도 지극히 당연하기 때문에, 접근 방법이 좋지 않았다면 바로 이를 시정해야 한다.

commit 위임하다, 위탁하다, 전념하다, (죄 등을) 범하다
flexible 유연한, 구부리기 쉬운 approach 접근(법), 접근하다

주는 만큼 느는 사랑

Love grows by giving. The love we give away
is the only love we keep.
The only way to retain love is to give it away.

Elbert Hubbard

사랑은 줌으로써 커진다. 우리가 나누어주는 사랑이
우리가 간직하는 유일한 사랑이다. 사랑을 보유하는
유일한 길은 그것을 나누어주는 것이다.

엘버트 허버드

당신의 사랑을 키우기 위해서는 무엇보다 그 사랑을 나누어주는 것이 필요하다. 자신은 사랑이 많은 사람인데, 단지 이를 나누어줄 만한 절절한 대상이 없다고 한탄하지 말라. 세상 모두가 당신의 사랑을 기다리고 있다. 먼저 당신의 가장 가까이에 있는 가족과 친구에게 사랑을 나누어주라.

give away 나누어주다 keep ~한 상태로 간직하다, 보유하다, 지키다
retain 보유하다, 보류하다

치명적 자기비하

Of all the traps and pitfalls in life,
self-disesteem is the deadliest, and the hardest
to overcome, for it is a pit designed
and dug by our own hands.

Maxwell Maltz

인생의 모든 덫과 함정 중 자기비하가 가장 극복하기 어려운데,
이는 우리 스스로 직접 설계하고
파낸 구덩이이기 때문이다.
맥스웰 몰츠

자신감이 중요한 것과 같은 이유로 자신감의 반대인 자기비하는 치명적이다. 자기 자신을 자포자기한 상태로 밀어 넣는 자기비하는 스스로 삶의 희망을 꺼뜨려 버리는 행동이기 때문에, 최선을 다해 자기비하에 빠지지 않도록 해야 한다. 내세울 만한 자랑거리가 있다면 자신감을 가지고, 그것이 없다면 용기를 가지고 스스로를 일으키자.

---

trap 덫 pitfall 함정 self-disesteem 자기비하 overcome 극복하다
pit 구덩이 dig 파다

행복한 방향으로

Happiness is a direction, not a place.
Sydney J. Harris

행복은 위치가 아니라 방향이다.
시드니 J. 해리스

행복은 현재 당신이 서 있는 위치 즉 객관적인 상황이 아니라, 당신의 방향 즉 어떤 사고방식을 가지고 있느냐에 달려 있다. 당신이 삶의 목표를 얼마나 이루었는지가 아니라, 그러한 목표를 추구하는 삶 자체가 중요하다. 당신의 삶이 옳은 방향으로 가고 있다면 비록 느리더라도 당신은 충분히 행복할 수 있다.

direction 지도, 지휘, 방향 place 장소, 지위, 좌석

비상하는 기백

The spirit that does not soar
is destined to grovel.

Benjamin Disraeli

높은 곳으로 비상하는 기백을 가지지
못한 사람은 비굴한 행동을 취할 운명에 놓이게 된다.
벤저민 디즈레일리

목표 없이 살며 단지 자신의 인생을 다른 사람과의 관계 속에서만 실현시키고자 한다면 다른 사람의 눈치를 볼 수밖에 없다. 그렇게 되면 결국에는 다른 사람이 당신의 인생을 결정하기 때문에 그들에게 비굴해질 수밖에 없는 것이다.

---

spirit 영혼, 기백 grovel 비굴한 태도를 취하다, 굴복하다, 기다
destine 운명 짓다, 운명 soar 비상하다, 높이 날다

절제와 인내의 시기

In prosperity we need moderation;
in adversity, patience.

Lee Iacocca

**번영의 시기에 우리는 절제가 필요하며,
고난의 시기에는 인내가 필요하다.**
리 아이어코카

한참 잘나갈 때에는 절제를 명심하여 스스로 말과 행동을 조심해야 한다. 그렇지 않으면 자신이 한 말과 행동에 스스로 부끄러워하거나 심지어 타인의 앙심을 사 복수까지 당할 수 있다. 힘든 시기에는 상황에 굴하지 말고 인내해야 한다. 수개월 또는 수년의 인내는 달콤한 성공으로 보상받을 것이다.

---

prosperity 번영 moderation 절제, 완화, 적당 adversity 고난

과감히 꿈꿔라

If you can dream it, you can do it.
Walt Disney

만약 당신이 그것을 꿈꾼다면,
당신은 그것을 할 수 있다.
월트 디즈니

우리는 대부분 무의식적으로 실행할 수 있다고 여기는 것을 바란다. 그렇기 때문에 과감하게 꿈꾸라. 당신의 강렬한 기대 자체가 가능성을 현실로 바꾸는 힘이 된다. 우리가 정말 간절히 갈구한다면 우리는 혼신의 힘을 다하여 이를 이루도록 노력할 것이며, 부족한 점이야 물론 있겠지만 이는 결코 우리의 꿈을 실현하는 데에 넘지 못할 장애물이 되지 않을 것이다.

거룩한 사랑

Love a man, even in his sin,
for that love is a likeness of the divine love,
and is the summit of love on earth.

Fyodor Dostoyevsky

사람을 사랑하라, 그가 죄를 진 상태조차도.
왜냐하면 그 사랑은 하느님의 사랑과 유사한 것이며
이 세상 사랑의 정점이기 때문이다.

표도르 도스토옙스키

사람은 결함이 많은 존재이고, 따라서 매일매일 죄를 짓고 산다. 그럼에도 불구하고 하나님께서는 당신을 사랑하시기에 그 사랑은 거룩하다. 다른 사람이 사랑받을 만한 행동을 했을 때에만 그를 사랑한다면 그것은 조건적이지만, 비록 그들이 죄를 지었음에도 사랑한다면 이는 하나님의 사랑과 유사한 거룩한 사랑이 되는 것이다.

---

likeness 유사, 비슷함 divine 신의, 하나님의, 신성한
summit 정점, 정상, 꼭대기

선입관 조율하기

No one can eliminate prejudices,
just recognize them.

Edward R. Murrow

누구도 선입관을 제거할 수 없다.
단지 그것들을 알아볼 수 있을 뿐이다.
에드워드 R. 머로

선입관 자체를 두려워하지 말라. 선입관은 자연스러운 것이고 우리 모두에게 있다. 단지 자기가 가지고 있는 것이 애초에 선입관이라는 사실을 직시하고, 판단을 내릴 때 최대한 배제하면 된다. 이를 위해 무엇보다 자신이 가진 것이 선입관인지 아닌지를 인지하는 점이 중요하기 때문에 판단을 내리기 전에 자신의 기존 생각을 한 번 더 의심해봐야 한다.

eliminate 제거하다, 완전히 없애다 prejudice 선입관, 편견
recognize 인지하다, 알아보다

영광스러운 행동

To err is nature,
to rectify error is glory.

George Washington

**잘못을 저지르는 것은 본성이며,
잘못을 교정하는 것은 영광스러운 행동이다.**

조지 워싱턴

당신이 과거에 저지른 잘못 때문에 혼자서 심히 괴로워하고 있다면 지금 이 순간 과감히 이를 놓아버려라. 사람으로 태어나 잘못을 저지르는 것은 지극히 당연하다. 대신 후회하고만 있지 말고 적극적으로 이를 교정해보면 어떨까? 예컨대 사과의 말 한마디를 한다거나, 아니면 어떤 행동을 통해 간접적으로 당신이 뉘우치고 있다는 것을 표현할 수도 있다.

err 잘못하다, 정도에서 벗어나다 rectify 교정하다, 수정하다

우정의 탄생

Friendship is born at that moment
when one person says to another,
"What! You too? I thought I was the only one."

C. S. Lewis

우정은 한 사람이 다른 사람에게 "너도 그래?
나는 나만 그렇다고 생각했어"라고 말하는
바로 그 순간 태어난다.

C.S 루이스

친구가 되는 가장 자연스러운 과정은 상대방과 나의 공통점을
확인하는 데에 있다. 서로 마음이 잘 통하며 생각하는 것이 비슷
하다면 쉽게 친구가 될 수 있을 것이다. 어떻게 보면 우정의 시
작은 이와 같이 우연의 산물이라고 할 수 있다. 그러나 우정이
얼마나 깊고 오래 지속될 것인가는 서로의 한결같은 배려심에
의해 좌우된다.

moment 순간, 중요성

나만의 것을 발견하라

Everyone excels in something
in which another fails.

Latin Proverb

누구나 다른 사람은 못하는 어떤 것에 뛰어나다.
라틴 속담

누구나 남들에게는 없는 자신만의 재능이 있기에 우리 모두는 그것을 발견하려고 노력해야 한다. 가만히 앉아 그 재능이 저절로 발현되기를 기다리지만 말고 적극적으로 자신의 재능을 찾으려는 노력이 필요하다. 만약 그 재능을 찾았다면 다른 사람을 의식하지 말고, 최대한 개발해야 한다.

excel 뛰어나다, 남을 능가하다 fail 못하다, 부족하다, 실패하다, 기대를 어기다

우정의 유효기간

Friendship is a living thing that
lasts only as long as it is nourished
with kindness, empathy and understanding.

Author Unknown

우정은 친절, 공감 및 이해라는 자양분이 주어지는
동안에만 유지되는 살아 있는 것이다.
작자 미상

당신의 실제 경험을 돌이켜 생각해봐도 우정을 시작하기란 그리 어렵지 않지만 지속하기는 지극히 어렵다. 우정은 상대에게 한결같이 친절해야 하며, 상대의 입장이나 견해에 공감해야 하고, 또는 차이점이 있다면 서로를 잘 이해할 수 있어야 한다. 그렇지 않다면 우정은 곧바로 시들어 죽어버릴 것이다.

living 살아 있는 last 최후의, 지난번의, 지속하다 as long as ~하는 한
nourish 자양분을 주다, 육성하다 empathy 공감, 감정이입

매너란 세심한 인식

Manners are a sensitive awareness
of the feelings of others.
Emily Post

매너란 다른 사람들의 감정에
대한 세심한 인식이다.
에밀리 포스트

'어떤 것은 매너 있는 행동이고, 또 어떤 것은 매너 없는 행동이다'라고 우리는 상식적으로 알고 있지만, 매너란 실은 정해진 행동이라고 볼 수 없다. 당신이 상대방의 입장에서 기대할 수 있는 가장 멋진 행동을 직접 하면 된다. 그러기 위해 가장 중요한 점은 다른 사람들의 감정에 대한 세심한 인식이다.

manner 방법, 태도, (복수형으로) 매너, 예의, 풍습 sensitive 세심한, 섬세한
awareness 인식, 자각

열린 머리

Education's purpose is to replace
an empty mind with an open one.
Malcolm S. Forbes

교육의 목적은 비어 있는 머리를
열린 머리로 대체하는 것이다.
말콤 S. 포브스

교육의 목적은 머릿속을 여러 가지 지식으로 빽빽이 채워두는 것이 아니라 열린 상태, 즉 유연한 사고방식을 갖추도록 하는 데에 있다. 자신이 알고 있는 지식을 도그마화하여 거기에 집착하는 것은 매우 위험하다. 우리는 언제나 새로운 생각이 들어올 수 있도록 해야 하며, 필요하면 기존의 사고방식을 즉각 바꿀 수 있어야 한다. 진정한 지식인은 지식을 많이 알고 있는 사람이 아니라 깨어 있는 사람이다.

---

purpose 목적, 목표 replace A with B A를 B로 대체하다

부디 최선을 다하라

The one excellent thing that can be learned
from a lion is that whatever a man
intends doing should be done by him
with a whole-hearted and strenuous effort.

Chanakya

사자로부터 배울 수 있는 뛰어난 점은
무슨 일을 하든 성심성의껏 노력해야 한다는 것이다.
차냐카

사자는 작은 동물을 잡을 때에도 할 수 있는 최선을 다한다. 재미로 그러는 것이 아니라, 그렇게 하지 않으면 아무리 작은 동물이라도 결코 잡을 수 없기 때문이다. 당신이 아무리 머리가 좋고 재능이 있어도 그리고 지금 하는 일이 그리 대단한 일이 아닐지라도, 최선을 다하지 않으면 결코 이루지 못한다.

---

excellent 뛰어난, 우수한 intend ~하려고 하다, 의도하다
whole-hearted 진심의, 성심성의의 strenuous 열심인, 정력적인

너무 소중한, 오랜 친구

**Make new friends
but cherish the old ones.**

H. Jackson Brown, Jr.

**새로운 친구들을 사귀어도
오랜 친구들을 소중히 여겨라.**

H. 잭슨 브라운 주니어

교유관계를 넓히는 것도 좋지만, 이보다 더 중요한 점은 오랜 친구들과의 우정을 보다 단단히 하는 것이다. 그런데 우리는 대개 전자는 중요시하면서 후자는 간과하는 경향이 있다. 많은 경우 인맥을 넓힌다는 구실로 새로운 사람을 만나기에 여념이 없으면서도 오랜 친구들과의 만남은 소홀히 하곤 한다. 하지만 그런 만남은 대부분 겉치레인 관계로 끝나게 되며 따라서 당신의 시간과 열정을 낭비하게 된다.

---

cherish 소중히 여기다, 소중히 간직하다

소통이 살 길이다

Communication
is the universal solvent.
L. Ron Hubbard

의사소통은 보편적인 해결책이다.
L. 론 허버드

사람과의 관계에서는 무엇보다 서로 간의 의사소통이 가장 중
요하기 때문에 '굳이 말할 필요 있을까?', '말해도 소용없지 않을
까?' 하는 생각을 버리고 과감하게 상대방과 대화해야 한다. 의
사소통이 잘되면 상대방을 보다 잘 이해할 수 있어 보다 가까워
질 수 있고, 오해 역시 쉽게 풀릴 수 있어 멀어지는 것을 방지할
수 있다.

communication 통신, 의사소통 universal 우주의, 보편적인
solvent 해결책, 용매, 용해력이 있는

무지한 거만

A man is arrogant in proportion
to his ignorance.

Edward G. Bulwer-Lytton

사람은 자신의 무지에 비례하여 거만하다.
에드워드 G. 리튼

우리나라 속담인 '벼는 익을수록 고개를 숙인다'와 같은 맥락으로, 무지한 사람일수록 거만한 경향이 있다. 무지한 사람은 자신이 모르는 세계가 있다는 사실 자체를 모르기에 그렇게 거만한 것이다. 아는 것이 많으면 자신이 얼마나 부족한지 역시 알고 있기 때문에 다른 사람, 나아가 세상 자체에 겸손해질 수밖에 없다.

arrogant 거만한, 건방진 in proportion to ~에 비례하여
ignorance 무지, 무식함

내 머리로 생각하라

Reading furnishes the mind only
with materials of knowledge,
it is thinking that makes what we read ours.

John Locke

독서는 사람에게 단지 지식의 재료만을 제공할
뿐이다. 우리가 읽는 것을 우리 것으로
만들어주는 것은 생각하는 것이다.

존 로크

독서를 통해 책의 내용을 온전히 우리 것으로 만들기 위해서는
무엇보다 책의 내용을 곱씹어보는 것이 필요하다. 책을 읽는 것
못지않게 책의 내용에 대한 사색이 중요하다. 이를 통해 독서가
가치 있는 사고의 매개가 되도록 해야 한다.

---

furnish 제공하다, 공급하다, (가구 등을) 비치하다
material 재료, 물질, 중요한, 물질의

예의를 뿌리고 친절을 심어라

He who sows courtesy reaps friendship,
and he who plants kindness gathers love.

Proverb

예의를 뿌리는 사람은 우정을 거둬들이며,
친절을 심는 사람은 사랑을 모은다.

속담

스스럼없이 막무가내로 행동하면서 알게 되는 친구들은 당신에 대한 존경심이 거의 없기 때문에 그 관계를 가벼이 볼 것이며, 불친절하게 대해도 사귀고자 하는 이성은 당신에게 사랑이 아닌 집착을 보일 것이다. 무릇, 좋은 친구를 사귀려면 예의 바르게 행동해야 하며, 좋은 연인을 만나려면 무엇보다 친절해야 한다.

---

sow (씨를) 뿌리다 courtesy 예의, 호의 plant 식물, 심다
reap 거두다, 거두어들이다 gather 모으다, 그러모으다, 점차 늘이다

문제는 상상력이다

The true sign of intelligence
is not knowledge but imagination.
Albert Einstein

지성의 진정한 표시는
지식이 아니라 상상력이다.
알버트 아인슈타인

단지 지식이 많다고 해서 지성이 높지는 않다. 만약 그렇다면 역사적으로 유명한 지성인들은 암기력이 뛰어난 사람들일 것이다. 진정한 지성은 남이 이룩한 것을 외워서 반복하는 것이 아닌, 새로운 것을 창조해낼 수 있는 능력으로 이는 상상력으로 표현된다. 공부할 때도 단순히 남들이 써놓은 것을 반복하지 말고 자신의 생각을 가미하여 남들과는 다른 의견을 만들어내는 일이 보다 가치 있다.

intelligence 지성, 정보 imagination 상상, 상상력

혼자만의 생각을 조심하라

What a person thinks on his own without
being stimulated by the thoughts and
experiences of the other people is even
in the best case rather paltry and monotonous.

Albert Einstein

다른 사람들의 생각과 경험에 의해 고무되지 않은
혼자만의 생각은 과거 다른 이의 생각을 되풀이하는
하찮은 것일 수밖에 없다.
알버트 아인슈타인

많이 생각하는 것 못지않게 많이 읽는 것이 중요하다. 독서를 통해 다른 사람의 생각과 경험을 검토하지 않고, 혼자서 계속 생각만 하고 있다면 아무리 명쾌한 결론에 도달했다 해도 이는 수천 년의 인류 역사에서 이미 어떤 사람이 알아냈던 사실 중 하나일 확률이 대단히 높다. 아니면, 다른 사람들이 이미 별것 아니라고 반명한 것일 수 있다.

stimulate 자극하다, 고무하다 paltry 하찮은, 무가치한
monotonous 단조로운, 반복하는, 지루한

가시방석 피하기

Lean too much on the approval of people,
and it becomes a bed of thorns.
Tehyi Hsieh

**사람들의 승인에 너무 많이 기대면,
그것은 가시방석이 된다.
테이 시에**

자신이 하고자 하는 일을 담대히 행하고, 자신이 행한 일에 스스로 뿌듯함을 느끼면 그뿐이다. 당신에 대한 다른 사람의 평가에 너무 과도하게 신경 쓰지 말라. 그럴 경우, 다른 사람의 판단에 의해 당신의 마음이 좌지우지되고 잘해도 과연 좋은 평가를 받을지 불안하며, 만약 잘못한 것 같으면 더욱더 불안해진다. 이는 당신을 행복으로부터 떨어뜨려 놓는 가장 치명적인 길이다.

---

lean 기대다, 의지하다 approval 승인, 찬성, 인가 bed of thorn 가시방석

감사의 힘

Gratitude preserves old friendships,
and procures new.
Author Unknown

감사는 오랜 우정들을 보존하며,
새로운 우정들을 획득한다.
작자 미상

감사의 마음은 인간관계에서 매우 중요한 덕목이다. 이미 친구인 사람들은 그들의 작은 친절에도 고마움을 표현하는 당신의 그 마음에 감동하여 보다 잘해줄 것이고, 아직 친구가 아닌 사람들은 당신의 그 겸손한 마음에 이끌려 당신의 친구가 되고자 할 것이다.

---

gratitude 감사, 사의 procure 획득하다, 조달하다
preserve 보존하다, 보전하다, 보호하다

인내가 무기다

Patience can conquer destiny.
Irish Sayings

인내는 운명을 정복할 수 있다.
아일랜드 속담

운명은 개척하기 나름이다. 운이 좋아 부유한 가정에서 태어났지만 흥청망청 낭비하며 보내다 곧 가난에 빠진 경우나, 가난한 가정에서 태어났어도 참고 견디며 묵묵히 해야 할 일을 하다 부유해지는 경우를 우리는 자주 목격한다. 운명은 어렸을 때가 아니라 나중에 노년이 되어봐야 알 수 있기 때문에 인생의 초반 운에 얽매일 필요는 없다.

conquer 정복하다, 극복하다 destiny 운명, 숙명

사랑할 시간을 확보하라

If you judge people,
you have no time to love them.

Mother Teresa

만약 당신이 사람들을 심판한다면,
당신은 그들을 사랑할 시간이 없다.
마더 테레사

다른 사람이 당신을 이리저리 따져보며 심판한다면 기분이 썩 좋지 않을 것이다. 그 이유는 당신의 장점보다 단점 위주로 판단하지 않을까 하는 우려 때문이다. 남을 머리로 심판할 때에는 아무래도 이런 부정적인 측면이 내포되어 있기 때문에 우리는 가급적 사람을 심판하지 말고 마음으로 대해야 한다. 그래야 그 사람을 보다 사랑할 수 있다.

---

judge 심판하다, 재판하다, 심판관, 재판관

생각의 공격

No problem can withstand
the assault of sustained thinking.

Voltaire

**어떤 문제도 지속적인 생각의
공격을 버텨내지 못한다.**
볼테르

해결하기 힘든 문제가 있다면 온 정신을 집중하여 그 해결책을 찾으려 노력하라. 몇 번 생각하고 쉽사리 포기하지 말고 밥 먹을 때나 거리를 걸을 때, 자나 깨나 계속적으로 해결책을 강구하라. 또한 관련 정보 역시 서점이나 인터넷을 뒤져 열심히 찾아보라. 그렇게 혼신의 힘을 다해 답을 구하다 보면 어느 순간 문제를 해결할 수 있는 방법이 떠오르게 된다.

---

withstand 저항하다, 잘 견디다, 버티다 assault 공격, 습격
sustain 아래에서 떠받치다, 계속하다

두려움은 어리석음

Fear is the main source of superstition,
and one of the main sources of cruelty.
To conquer fear is the beginning of wisdom.

Bertrand Russell

두려움은 미신의 주요 원천이며,
잔인함의 주요 원천 중 하나이다.
두려움을 극복하는 것이 현명함의 시작이다.

버트런드 러셀

옛날 사람들은 천둥이 치면 하늘이 노했다고 생각하여 제사를 지내면서 사람을 제물로 바치기도 했다. 또한 중세 유럽에서는 마녀를 두려워하여 멀쩡한 여자를 마녀로 몰아 죽이기도 했다. 두려움을 떨쳐버리고 두려움의 원인을 과학적으로 살펴보려고 노력만 했어도 이런 일들은 벌어지지 않았을 테지만, 당시에는 두려움이 지나쳐 그런 시도조차 못한 것이다.

---

main 주요한 source 원천, 근원 superstition 미신 cruelty 잔인함
conquer 정복하다

성공의 대가

Success is the child of
drudgery and perseverance. It cannot be
coaxed or bribed; pay the price and it is yours.

Orison Swett Marden

성공은 고된 일과 인내의 소산이지, 감언이나 뇌물로
얻어지는 것이 아니다. 대가를 지불하라,
그러면 성공은 당신의 것이 된다.

오리슨 스웨트 마든

성공은 무작정 당신에게 주어지는 것이 아니라, 당신이 지불한 대가로 얻어내는 것이다. 그 대가란 잘나가는 친구나 유력 인사, 또는 직장 상사에게 제공하는 번지르르한 말이나 뇌물이 아닌 당신의 피땀 어린 노력이다. 아첨이나 뇌물로 쉽게 부를 얻고 성공하기를 바라는 사람이 적지 않지만 이는 부질없고 허황된 수고일 뿐이다.

---

drudgery (단조롭고) 고된 일 perseverance 인내(력), 참을성
coax 감언으로 설득하다(얻어내다) bribe 뇌물, 뇌물을 주다, 매수하다

완성은 노력의 몫

Genius may conceive
but patient labor must consummate.

Horace Mann

천재는 (어떤 새로운 것을) 착상해낼 수 있지만
끈기 있는 노력만이 이를 완성해낸다.

호러스 맨

아무리 머리가 좋아도 끈기 있는 노력이 없다면 자신의 아이디
어를 구체화하지 못하고 중간에서 포기하게 된다. 역사적으로
유명한 천재들은 새로운 것을 착상한 사람이 아니라, 새로운 것
을 착상하고 거기에 더해 이를 현실로 구체화했던 사람들이다.

conceive 착상하다, 생각해내다 patient 인내하는, 끈기 있는
labor 노동, 애씀, 노력 consummate 성취하다, 완성하다

완벽한 친구는 없다

One who looks for a friend
without faults will have none.
Hasidic Proverb

결함이 없는 친구를 찾는 사람은
누구도 얻지 못한다.
유대교 속담

당신에게 진정한 친구가 한 명도 없다면 자신이 너무 완벽한 친구를 찾는 것이 아닌지 의심해봐야 한다. 당신 스스로 완벽한 사람이 아닌 것처럼 미래의 친구 또한 완벽한 사람일 수 없다. 또한, 당신이 완벽한 사람이 아니면서 진정한 친구가 될 수 있음을 자신하는 것처럼 완벽하지 못한 그들 또한 충분히 진정한 친구가 될 수 있다.

look for ~을 찾다 fault 잘못, 결함

말보다 행동을 보라

Don't listen to their words,
fix your attention on their deeds.
Albert Einstein

그들의 말을 듣지 말고,
그 사람들의 행위에 당신의 주의를 집중하라.
알버트 아인슈타인

당신을 속이고자 하는 마음이 있는 자일수록 말을 번지르르하게 잘하겠지만, 실제 그들의 행동을 보면 말과 행동이 상당히 다름을 알 수 있다. 충고를 주는 사람 역시 마찬가지다. 말과 행동이 일치하여 배울 점이 많은 사람들의 충고는 진실하기에 적극적으로 받아들여야 하지만, 말과 행동이 일치하지 않는 사람들의 충고를 쉽사리 받아들인다면 당신은 위험에 빠지게 된다.

fix 고정시키다, 고치다, 결정하다 attention 주의, 배려 deed 행동, 행위

모욕을 멀리하라

It is often better not to see
an insult than to avenge it.

Seneca

흔히 모욕을 복수하는 편보다 모욕을
보지 않는 편이 더 낫다.

세네카

모욕을 당할 수 있는 상황 자체를 가급적 피하는 편이 좋다. 당신이 떳떳하지 못한 행동을 취하면 그런 상황에 맞닥뜨리게 될 확률이 높아지므로 정정당당하게 행동할 수 있는 위치를 찾아야 할 것이다. 또한, 나쁜 친구들과 어울리면 그런 상황에 놓이게 될 확률이 커지기 때문에, 말을 함부로 하고 생각 없는 행동을 하는 친구들은 가급적 멀리해야 한다.

insult 모욕, 무례, 모욕하다, 무례하게 행동하다
avenge 복수하다, 원수를 갚다

슬픔의 유일한 치유책

The only cure for grief is action.

G. H. Lewes

슬픔의 유일한 치유책은 행동이다.

G. H. 루이스

슬프다고 가만히 앉아 슬퍼하고만 있으면 슬픔은 배가 되어 나중에는 자신이 감당할 수 없을 만큼 스스로를 망가뜨리게 된다. 슬픔이 클수록 밖으로 나가 사람들과 어울리거나 자신의 일을 찾아 몸을 움직여라. 사람과의 교제나 다른 일에 집중하다 보면 어느새 슬픔이 많이 극복되었음을 알 수 있으리라.

cure 치료, 치유, 치료법, 치유책

재치보다 자신감을

Confidence contributes
more to conversation than wit.
François de la Rochefoucauld

자신감이 재치보다 더 대화에 기여한다.
프랑수와 드 로슈푸코

재치가 넘치는 사람이 아니라고 해서 대화에 주눅 들 필요는 전혀 없다. 주변을 보더라도 적극적으로 대화를 잘 이끄는 사람들 모두가 재치가 가득한 사람은 아니지 않은가? 말재주가 없다고 대화를 꺼리지 말고, 적극적으로 참여해 대화를 이끌어나가자. 사람과의 관계에 있어서는 자신감이 무엇보다 가장 중요하다.

confidence 신뢰, 확신, 자신감 contribute 기여하다, 기고하다
conversation 대화, 회화 wit 재치, 위트

내면의 위대함이여

Nothing splendid has ever been achieved
except by those who dared believe
that something inside of them was
superior to circumstances.

Bruce Barton

자신을 억누르고 있는 상황보다 내면의 무엇이
우위에 있다고 믿었던 사람들만이
훌륭한 것을 성취해냈다.
브루스 바턴

자신이 처한 상황이 자신을 힘겹게 해도 거기에 굴복해서는 안
된다. 자신의 능력을 과감히 믿고 꾸준히 노력하면, 어느덧 그
상황을 넘어서 버린 스스로를 발견할 수 있을 것이다.

---

splendid 훌륭한, 빛나는, 화려한 superior 우월한, 우위의
dare (과감히) ~하다, 도전하다 circumstances 상황, 환경

마음 조종하기

Those who cannot change
their minds cannot change anything.

George Bernard Shaw

자신의 마음을 바꿀 수 없는
사람들은 아무것도 바꿀 수 없다.
조지 버나드 쇼

당신 스스로를 변화시켜야 당신 주위, 나아가 세상을 바꿀 수 있다. 게으름, 두려움, 편협함 등을 바꾸지 않고 그대로 두면서 세상이 당신에게 대하는 태도가 변할 것이라고 기대하지 말라. 모든 것은 당신 자신으로부터 시작한다. 당신의 마음을 바꾸면 모든 것이 달라지리라.

힘센 친절

A kind heart is a fountain of gladness,
making everything in its vicinity
freshen into smiles.

Washington Irving

친절한 마음은 기쁨의 샘으로,
주변의 모든 것에 활기를 주어 미소 짓게 한다.

워싱턴 어빙

친절은 흔히 볼 수 있는 덕목이 아니다. 그렇게 때문에 친절한 행동은 우리의 예상을 벗어나는, 긍정적인 놀라움을 선사하며 보는 사람으로 하여금 미소를 짓게 하는 능력이 있다. 친절한 말과 행동을 통해 주변 사람들에게 밝은 빛이 되어라. 당신 덕분에 주변의 사람들이 행복해질 것이다.

---

fountain 분수, 샘 freshen 새롭게 하다, 활기를 주다 gladness 기쁨
in one's vicinity ~의 주변에

세상은 넓다

The failure to read good books
both enfeebles the vision and strengthens
our most fatal tendency,
the belief that the here and now is all there is.

Allan Bloom

좋은 책을 읽지 못하면 상상력이 약화되고
우리의 가장 치명적인 성향인, 지금 여기가 존재하는
모든 것이라는 믿음이 강화된다.

앨런 블룸

우리는 좋은 책을 읽음으로써 우리가 알고 있는 세상이 전부가
아니라는 사실을 인지할 수 있고, 또한 이를 통해 기존에 가지고
있던 편견 및 선입관을 바꿀 수 있는 계기가 마련된다. 독서를
하지 않거나 흥미 위주의 책만 읽는다면, 다른 세상 및 다른 자
신을 꿈꾸는 것조차 불가능하기에 삶의 변화 또한 불가능하다.

---

enfeeble 약하게 하다 vision 시력, 시야, 통찰, 상상력
strengthen 강하게 하다, 튼튼해지다 fatal 치명적인, 운명의
tendency 성향, 경향 belief 믿음, 신념

인내의 비결

The secret of patience is
doing something else in the meanwhile.
Author Unknown

인내의 비결은 틈틈이 다른 어떤 일을 하는 것이다.
작자 미상

자신의 꿈을 이루기 위해 장기적으로 인내의 시간이 필요한 경우, 틈틈이 다른 어떤 일을 하면 큰 도움이 된다. 예를 들어, 시험을 위해 수개월 이상 공부를 해야 하는 경우 틈틈이 소설을 읽는 것이 도움이 된다. 그러나 공부하는 데 지친 심신을 풀어주는 정도가 좋지, 심신을 더욱 지치게 하는 일을 하면 좋지 않다.

secret 비밀, 비결 patience 인내, 참을성 in the meanwhile 틈틈이

나만의 뼈다귀를 찾아라

Do what you love. Know your own bone;
gnaw at it, bury it,
unearth it, and gnaw it still.

Henry David Thoreau

당신이 사랑하는 것을 하라.
자신의 뼈다귀를 찾아 그것을 갉작거리다가,
땅에 묻었다가, 파냈다가, 또 계속해서 갉작거려라.

헨리 데이비드 소로

삶에서 소소한 기쁨을 누리는 비결 중의 하나는 당신이 좋아하는 일을 찾는 것이다. 다른 사람의 눈치를 보지 말고 틈틈이 즐길 수 있는 당신만의 '뼈다귀'를 발견하라. 그리고 스트레스로 힘들 때나 여유가 있을 때 그 뼈다귀를 즐겨라. 당신이 그것을 통해 즐거움을 찾을 수 있다면 어떤 뼈다귀인지는 중요하지 않다.

bone 뼈, 뼈다귀 gnaw 갉다, 물다 unearth 파내다, 발굴하다
bury 묻다, 매장하다

비관적 낙관주의자

I'm a pessimist because of intelligence,
but an optimist because of will.

Antonio Gramsci

나는 지성 때문에 비관주의자이지만,
의지 때문에 낙관주의자이다.

안토니오 그람시

지성이 뛰어나면 세상이 모순과 불합리로 가득 차 있고, 사람들의 욕심은 끝이 없고 어리석다는 사실을 알기 때문에 그만큼 세상이 비관적으로 보인다. 그러나 강한 의지가 있다면 우리가 이러한 세상을 바꿀 수 있다고 생각하기 때문에 미래에 대한 낙관적인 태도를 가질 수 있다.

---

pessimist 비관주의자 intelligence 지성, 정보, 첩보 optimist 낙관주의자
will 의지, ~할 수 있다, ~할 작정이다

꾸준히 격려하라

People have a way of becoming
what you encourage them to be,
not what you nag them to be.
Scudder Parker

사람들은 당신이 잔소리하는 대로가 아닌
격려하는 대로 되는 습성이 있다.
스커더 파커

당신이 누군가를 변화시키고자 한다면 잔소리나 비난이 아닌 격려를 하라. 순간적인 충동에 의한 잔소리는 장기적으로 그 효과가 미미하며 잘못하면 오히려 반감을 유발할 수도 있다. 오랜 시간을 두고 듣는 사람의 마음을 헤아리며 하는 격려는 당장 별 효과가 없는 듯하지만 장기적으로 사람을 변화시키는 가장 효과적인 방법이다.

encourage 용기를 돋우다, 격려하다, 고무하다 nag 잔소리하다, 바가지 긁다

지치지 않는 사랑

Do not think that love, in order
to be genuine, has to be extraordinary.
What we need is to love without getting tired.

Mother Teresa

사랑이 참되기 위해서는 특별해야 한다고
생각하지 말라. 우리에게 필요한 것은
지치지 않고 사랑하는 것이다.
마더 테레사

사랑을 뭔가 거창하고 값비싼 선물이나 이벤트로만 행할 수 있다고 착각하지만 가장 특별한 사랑은 변함없이 한결같은 사랑이다. 수년, 수십 년 동안 같은 마음으로 상대방을 사랑하는 것은 어떤 선물이나 이벤트보다 가치 있는 특별한 사랑이다.

---

in order to ~하기 위해 genuine 참의, 진실한
extraordinary 특별한, 비정상적인

타성을 탈피하라

You must do the thing
you think you cannot do.
Eleanor Roosevelt

당신은 반드시 당신이 할 수 없다고
생각하는 것을 해야 한다.
엘리너 루즈벨트

'아, 나는 이걸 못할 것 같아'라는 생각이 드는 것, 그것을 당신이 반드시 해야만 성장할 수 있다. 지금까지의 타성이 당신은 그것을 절대 못할 것이라고 뒤에서 붙잡지만, 그것은 당신의 숨겨진 잠재력을 결코 알지 못한다. 당신이 할 수 없다고 생각한 일을 할 때, 당신의 숨겨진 힘은 비로소 그 모습을 드러내고 지금까지와는 다른 삶을 살아갈 수 있다.

한계를 추측하지 마라

I would never speculate on the limit.
Every time you speculate,
you're way too conservative.

John Warnock

나는 한계에 대해 결코 추측하지 않겠다.
당신이 추측할 때마다, 당신은 큰 차이로
실제보다 훨씬 적게 추산한다.

존 워녹

인간의 능력은 무한하다. 당신이 보기에도 세상에는 우리의 사
고를 뛰어넘는 많은 걸출한 사람들과 그에 못지않은 많은 바보
들이 있다. 다른 사람에 대한 과소평가를 자제하는 것과 마찬가
지로, 아니 이보다 더욱 중요하게, 당신 자신을 과소평가하지 말
라. 당신 자신은 이전의 모든 사람이 하지 못했던 뛰어난 업적을
인류 역사에 남길 수 있는 존재이다.

---

speculate 숙고하다, 사색하다, 추측하다, 투기하다
conservative 보수적인, 실제보다 적게 추산하는

습관의 관성

Good habits, once established
are just as hard to break as are bad habits.

Robert Puller

**좋은 습관은 일단 확립되면
나쁜 습관처럼 아주 끊기 어렵다.**
로버트 풀러

나쁜 습관이 끊기 어렵다는 사실은 모두들 알고 있겠지만, 좋은 습관 역시 쉽게 끊기 어렵다. 이러한 습관의 특징 때문에 좋은 습관을 기르는 데에 적지 않은 시간과 노력이 필요하더라도 능히 이를 위해 투자해볼 만하다. 공부하는 것도, 아침에 일찍 일어나는 것도, 전철을 타고 가며 책을 보는 것도 일단 습관을 붙이면 어렵지 않게 계속해나갈 수 있다.

habit 습관 establish 확립하다, 설립하다

온화와 엄격 사이

Be gentle to all, and stern with yourself.

St. Teresa of Avila

모두에게 온화하라, 그리고 당신 자신에게는 엄격하라.
아빌라의 성녀 테레사

성공하는 사람은 자기 자신에게 엄격하지만 남에게는 온화하며, 실패하는 사람은 자기 자신에게 온화하지만 남에게는 지극히 엄격하다. 따라서 실패만 거듭한 사람들은 모든 일을 남의 탓으로 돌리며, 그들의 잘못으로 인해 자신의 일 또는 세상이 엉망이 되었다고 불평을 늘어놓는다. 주위를 둘러보면 자신에게 엄격한 사람보다는 남에게 엄격한 사람이 훨씬 많은데, 그렇기 때문에 세상에는 성공하는 사람보다 실패하는 사람이 훨씬 많은 것이다.

---

gentle 온화한, 부드러운   stern 엄격한, 단호한

사랑과 자비는 필수품

Love and compassion are necessities,
not luxuries, without them
humanity cannot survive.

Dalai Lama

사랑과 자비는 필수품이지 사치품이 아니다.
그들이 없으면 인류는 살아남을 수 없다.

달라이 라마

진정한 행복의 원천이 되는 사랑과 자비는 여유가 있어서 하는
것이 아니라, 그것이 없다면 삶 자체의 의미가 없어지기에 지극
히 필수적인 요소이다. 사랑과 자비가 없다면 인간의 삶은 금수
(禽獸)의 삶과 다를 바가 없기 때문에, 인류 문명 역시 지금과는
다른 방향으로 전개되었을 것이다.

---

compassion 동정, 불쌍히 여김 humanity 인간성, 인류(애)
necessity 필요, 필요성, 필수품, 궁핍 luxury 사치, 사치품

진실을 속단치 마라

Never assume the obvious is true.
William Safire

명백한 것이 진실이라고 결코 추정하지 말라.
윌리엄 새파이어

겉으로 보기에는 진실 같지만 실은 그렇지 않은 것도 많이 있다. 예를 들어, 하늘이 지구 주위를 돈다는 천동설의 경우도 지구 위에 사는 인간의 입장에서는 당연한 이치로 생각되었지만, 나중에 밝혀진 과학적인 사실은 지구가 도는 것이었다. 판단을 내릴 때는 명백하게 보이는 것이라도 함부로 결정하지 말고 조사 후 심사숙고해야 한다.

---

assume 주제넘게 굴다, 떠맡다, 추정하다 obvious 명백한, 빤한

깨지기 쉬운 재능

Beauty is a fragile gift.
Ovid

미(美)는 깨지기 쉬운 재능이다.
오비디우스

재능을 뜻하는 명사 'gift'는 '신이 준 선물'을 의미하기도 한다. 아름다움은 신이 준 선물이기는 하나 깨지기 쉽다. 즉, 아름다움은 오래가지 않는다. 사고로 아름다움이 훼손될 수 있고, 무엇보다 나이가 들면 사라지기 마련이다. 따라서 너무 그 선물에 집착하는 것은 현명하지 못한 행동이며 보다 오래갈 수 있는 재능을 발굴하고 키워야 할 것이다.

---

fragile 망가지기 쉬운, 허약한 gift 재능, 선물

완벽의 정의

Trifles make perfection,
and perfection is no trifle.
Michelangelo

사소한 것들이 완벽을 만들며,
완벽은 결코 사소한 것이 아니다.
미켈란젤로

사소한 것을 단지 사소하다고 지나치거나 무시하지 말라. 보통 사람들은 사소한 일을 무시하고 중요하다고 여기는 일만 잘하면 된다고 생각하지만 최고가 되려면 사소한 일 하나하나 빈틈없이 해내야 한다. 공부를 최고로 잘하려면 선생님이 중요하다고 강조하는 것 이외에 다른 사람들이 쉽게 지나치는 것 역시 알아두어야 하며, 최고의 제품을 만들려면 바느질 하나하나에도 정성을 쏟아부어야 한다.

---

trifle 하찮은 것, 만지고 놀다 perfection 완벽

통찰력을 지녀라

The most pathetic person in the world
is someone who has sight, but has no vision.
Helen Keller

세상에서 가장 딱한 사람은
시력은 지니고 있지만 **통찰력**이 없는 사람이다.
헬렌 켈러

어려서부터 눈이 보이지 않았던 헬렌 켈러는 비록 사물을 눈으로 볼 수는 없었지만 누구 못지않은 통찰력을 지니고 있었다. 눈이 잘 보이는 보통 사람들은 자신들이 모든 것을 잘 본다고 생각하지만 대부분 보고 싶은 것만을 본다. 따라서 눈이 있어도 보려고 하지 않기 때문에 결코 볼 수 없다.

---

pathetic 애처로운, 딱한, 불쌍한 sight 시력, 봄, 조망, 광경
vision 시력, 상상력, 통찰력

균형 있는 관계

Never allow someone to be your priority
while allowing yourself to be their option.

Kelly Angard

누군가가 당신의 우선이 되도록 허용하지 말라.
당신 자신이 그들의 선택이 되는 것을 허용하면서는.
켈리 앙가드

건전한 인간관계는 호혜(互惠)를 원칙으로 한다. 타인은 당신을 우정이나 사랑의 대상으로 고려하지 않는데, 당신만 그들을 지극히 중요시하여 온갖 정성을 다한다면 이는 집착이므로 전혀 아름답지 않다. 당신은 그러한 관계에서 외로움과 인생의 허무를 느낄 수 있기에 이는 지극히 위험하다. 스스로를 소중히 여긴다면 이러한 관계를 멈출 수 있어야 한다.

---

allow 허용하다, 허락하다, 인정하다 priority 앞임, 우선, 우선권
option 선택, 선택권, 선택 매매권

열정은 노력의 어머니

Enthusiasm is the mother of effort,
and without it nothing
great was ever achieved.
Ralph Waldo Emerson

열정은 노력의 어머니로,
어떤 위대한 일도 열정 없이 이뤄지지 않았다.
랠프 월도 에머슨

열정은 우리가 최선을 다해 노력할 수 있는 힘을 제공하기에, 당신은 결코 열정의 힘을 과소평가해서는 안 된다. 열정은 어려움에도 불구하고 이를 꿋꿋이 견뎌내고 맡은 바 일을 완수할 수 있도록 한다. 열정이 있다면 애초에 불가능하게 보이던 일도 능히 해나갈 수 있을 것이며, 반대로 열정이 없다면 아무리 쉽고 간단한 일이라도 결코 끝마칠 수 없을 것이다.

enthusiasm 열정, 열심 effort 노력, 애씀 achieve 이루다, 성취하다

현명함의 기능

The function of wisdom is
to discriminate between good and evil.

Marcus Tullius Cicero

현명함의 기능은 선과 악을 구별하는 것이다.
마르쿠스 툴리우스 키케로

당신이 현명하다면 무엇보다 선과 악을 구별할 줄 알아야 하고, 둘 중 선을 추구하는 길을 택해야 한다. 왜냐하면, 아무리 능력이 출중하더라도 악의 결말은 비참하다는 사실을 알 수 있기 때문이다. 선을 추구하는 길이 처음에는 어렵고 당장 손해를 보는 것처럼 느껴질 수도 있다. 하지만 그 과정은 당신에게 정신적 만족감을 주며, 당신 주변은 진실한 사람들로 가득해지고, 나중에는 물질적으로도 적지 않은 보상을 받는다는 사실을 알게 된다.

---

function 기능, 직무, 의식 discriminate 구별하다, 차별하다

자만은 정체의 지름길

A proud man is always looking down
on things and people, and, of course,
as long as you're looking down,
you can't see something that's above you.
C.S. Lewis

자만하는 사람은 모든 것을 내려다본다.
물론, 내려다보는 동안 당신은 위의 어떤 것도 볼 수 없다.
C.S. 루이스

자만은 자신에 대한 과대평가와 남에 대한 과소평가가 결합된
결과로, 자만하는 사람은 자신보다 능력 있는 사람들은 보려고
하지 않고 자신보다 능력이 부족한 사람들만 본다. 판단의 기준
이 그렇기에 (자기만의 세상에서) 자신이 가장 잘난 줄 안다. 그 결
과 더 이상 배우려고 하지 않아, 세상이 급속도로 전진하고 있는
동안에도 혼자만 정체되어 있을 뿐이다.

> proud 자만하는, 거만한, 자존심이 있는, 자랑으로 여기는
> look down on 내려다보다, 무시하다 as long as ~하는 동안

낙관과 비관의 차이

A pessimist sees the difficulty
in every opportunity, an optimist sees
the opportunity in every difficulty.

Winston Churchill

비관주의자는 모든 기회에서 어려움을 보고,
낙관주의자는 모든 어려움에서 기회를 본다.

윈스턴 처칠

비관주의자는 자신에게 기회가 올 때마다 그 기회에 수반되는 어려움에 압도되어 감히 뭔가를 시도할 생각조차 하지 못한다. 반면, 낙관주의자는 어려움 속에서도 희망의 빛을 보면서 기회의 작은 끈조차 놓치지 않으려 한다. 즉 비관주의자는 기회를 기회로 생각하지 않으며, 낙관주의자는 어려움 속에서도 기회를 포착하여 상황을 반전시킨다.

pessimist 비관주의자 difficulty 어려움, 곤란 opportunity 기회, 호기
optimist 낙관주의자

'나'는 내 행위들의 소산

Our acts make or mar us,
we are the children of our own deeds.
Victor Hugo

우리의 행동이 우리를 만들거나 손상시키며,
우리는 우리 자신의 행위의 소산이다.
빅토르 위고

과거 우리가 했던 행동이 모여 현재 우리의 모습을 낳았다. 지금까지의 삶을 돌이켜보라. 당신의 현재를 결정지은 여러 가지 원인 중 당신의 행동이 가장 결정적이라는 사실을 알 수 있을 것이다. 현재 인생의 좋은 면도 당신이 그렇게 한 것이며, 나쁜 면 역시 당신이 그렇게 이끈 것이다.

---

mar 손상시키다, 훼손하다, 망쳐놓다 deed 행위, 공적, 공훈

건강하려면 절제하라

Health consists with temperance alone.

Alexander Pope

건강은 단지 절제, 그 한 가지와 일치한다.

알렉산더 포프

건강을 유지하는 방법에는 여러 가지가 있지만 단 한 가지를 꼽자면 '절제'라고 할 수 있다. 사람은 절제하는 것만으로도 충분히 건강할 수 있다. 예컨대, 운동이 좋다고 해도 너무 과하게 한다면 몸을 해치고, 게임을 잠시 하는 것은 좋지만 밤새 앉아 하다 보면 몸이 망가지고, 쉬는 것이 좋다고 해도 너무 누워만 있으면 건강을 해치기 쉽다.

consist of ~로 이루어져 있다 consist in ~에 있다(존재하다)
consist with ~와 일치하다 temperance 절제, 절주, 삼감

자기존중의 마음가짐

Do we not realize that
self respect comes with self reliance?

Abdul Kalam

자기존중은 자립과 함께 온다는 것을
우리는 깨닫지 못하는가?
압둘 칼람

스스로 존중하기를 원한다면 먼저 남에게 의지하지 말고 자립하려는 마음가짐을 지녀야 한다. 정신적, 경제적 자립 등을 통해서만 자신을 진정으로 사랑하고 존중할 수 있기 때문이다. 남에게 의지하여 자신의 인생을 다른 사람에게 맡기면 자신이 아닌 남을 존중할 수밖에 없고 자신의 나약함에 대해 부끄러움을 느낄 것이다.

---

self-respect 자기존중 self-reliance 자립

건전한 분별

A sound discretion is not so much
indicated by never making
a mistake as by never repeating it.

Christian Nevell Bovee

건전한 분별은 잘못을 하지 않는
것에 의해서라기보다는 그것을
반복하지 않는 것에 의해서 나타난다.
크리스티앙 노벨 보비

사람의 실수는 지극히 당연하기에 분별력이 있는 사람도 잘못을 저지를 수 있다. 분별 있는 사람은 잘못을 저지르는 사람이 아닌 자신이 저지른 잘못을 반성하여 다시는 이를 반복하지 않는 사람이다. 잘못을 반복하지 않는 것만으로도 우리의 인생은 충분히 성공과 행복으로 가득할 수 있다.

---

sound 소리, 소리가 나다, 소리 나게 하다, 건전한, 철저한, 확실한
discretion 신중, 분별, 판단의 자유, 자유재량
indicate 가리키다, 지적하다, 나타내다

언제나 최선을

Always do your best.
What you plant now, you will harvest later.
Og Mandino

언제나 최선을 다하라.
당신이 지금 심는 것을 나중에 거둬들일 것이기에.
오그 만디노

당신이 오늘 하는 일들이 당신의 내일을 결정한다. 그렇기에 무슨 일을 하든 최선을 다해야 한다. 공부할 때뿐만 아니라 영화나 소설책을 볼 때에도, 그리고 사람들과 함께 어울릴 때 역시 최선을 다해야 한다. 그 영화나 소설의 내용이 나중에 글을 쓸 때나 말을 할 때 큰 도움이 될 수 있고, 지금 만나는 사람이 나중에 진정한 친구로 발전할 수도 있다.

---

plant 나무, 식물, 공장, 심다 harvest 수확, 수확기, 수확하다

가능성을 확장하라

Never forget that only
dead fish swim with the stream.

Malcolm Muggeridge

단지 죽은 물고기들만이 물결을
따라 흘러간다는 것을 결코 잊지 말라.
말콤 머거리지

인생을 살아가는 방식은 크게 두 가지가 있다. 하나는 세상이 흘러가는 대로 사는 것과 다른 하나는 세상에 과감히 반대하며 살아가는 것이다. '다들 그렇게 사는데 너만 왜 그래?', '다들 그러니까 너도 그렇게 살아' 등의 말에 결코 설득당하지 않기를. 당신은 무한한 가능성의 존재로 세상 사람들보다 훨씬 더 잘할 수 있고, 세상을 바꿀 수도 있다. 중요한 것은 마음가짐이다.

stream 시내, 흐름, 물결

쓸데없는 허영심

We are so vain that we even care
for the opinion of those we don't care for.
Marie Von Ebner-Eschenbach

우리는 너무나 허영심이 강하여
우리가 신경 쓰지 않는 사람들의 의견조차 신경을 쓴다.
마리 폰 에브너에셴바흐

당신이 세상 모든 사람을 신경 쓸 수 없는 것과 같은 맥락으로 세상 모든 사람의 의견에 신경 쓸 필요도 없다. 당신이 신경 쓰지 않는 사람들의 의견조차 신경 쓰는 것은 당신의 능력에 부치는 일이므로 이는 지극히 부질없다. 이는 당신의 재정적 능력에 부치는 값비싼 사치품을 사고자 하는 마음과 마찬가지로, 일종의 허영심의 발로이다.

vain 헛된, 허영심이 강한 care for 신경 쓰다

탓하지 마라

Common and vulgar people ascribe all ills
that they feel to others.
people of little wisdom ascribe to themselves.
people of much wisdom, to no one.

Epictetus

저속한 사람들은 모든 악을 다른 사람의 탓으로
돌리고 조금 현명한 사람은 자신의 탓으로 돌린다.
많이 현명한 사람들은 누구의 탓으로도 돌리지 않는다.
에픽테토스

저속한 사람들은 실패의 원인을 자신이 아닌 남에 두기 때문에
평생 남을 원망하면서 살아간다. 그러나 현명한 사람들은 악이
어느 특정한 개인이 아닌 사회 전체의 원인이라고 생각하기 때
문에 개인의 책임은 부차적인 문제라고 생각한다.

---

common 공통의, 일반의, 보통의 vulgar 통속적인, 저속한
ascribe to ~에 돌리다, ~탓으로 생각하다

가장 커다란 선물

The greatest gift you can give
another is the purity of your attention.

Richard Moss

당신이 다른 사람에게 줄 수 있는
가장 커다란 선물은 당신이 순수하게
그 사람에게 주의를 집중하는 것이다.

리차드 모스

당신의 마음은 상대방에게 호의를 전달하고 싶지만 막상 뭔가 해줄 것을 찾기 어려운 경우가 많다. 그러나 당신이 100% 집중하고 있다는 태도만 보여줘도 그들은 당신의 따뜻한 호의에 깊은 호감을 느낄 것이다. 당신이 지금까지 당신의 말에 100% 집중하는 친구를 만나기가 어려웠던 것처럼 그 사람 역시 마찬가지이기에 당신을 매우 소중히 생각할 것이다.

---

purity 청정, 깨끗함, 순도, 순수 attention 주의, 배려, 친절

열등감은 사절!

No one can make you feel inferior
without your consent.
Eleanor Roosevelt

**누구도 당신의 동의 없이 당신이
열등감을 느끼도록 할 수 없다.**
엘리너 루즈벨트

만약 당신이 심한 열등감으로 괴로워하고 있다면, 그리고 그 이유로 남을 지적한다면 이는 지극히 당신의 잘못이다. 열등감은 스스로 느끼기 때문에 당신 스스로가 동의해야 가능한 것이다. 비슷한 상황에서도 당신이 느끼는 열등감을 전혀 느끼지 않는 사람도 많음을 기억하라. 그들 중 일부는 그 상황을 도전으로 받아들여 상황을 역전시키는 촉매제로 활용했다.

---

inferior 아래쪽의, 하위의, 열등한, 하급자, 열등한 것

삶을 사랑하라

The love of life is necessary
to the vigorous prosecution
of any undertaking.

Samuel Johnson

생에 대한 사랑은 어떤 일의 정력적인
수행에 필수적이다.
사뮤엘 존슨

다른 모든 것과 마찬가지로 일을 하는 데에 있어서도 사랑이 중
요하며, 특히 당신의 삶을 사랑하는 태도가 중요하다. 삶에 대한
사랑은 마르지 않는 에너지의 원천이 된다. 진정으로 하고 싶은
일이라도 당신이 삶을 사랑하지 않는다면 밖으로 드러날 수 없
으며, 당신이 사랑하는 사람들이 없다면 그 일을 추진하는 데에
필요한 인내의 시간을 견뎌내기도 힘들 것이다.

necessary 필요한, 필수적인 prosecution 수행, 집행
vigorous 원기 왕성한, 정력적인, 강력한 undertaking 일, 사업

운을 믿지 마라

No victor believes in chance.

Friedrich Nietzsche

어떤 승리자도 운을 믿지 않는다.

프리드리히 니체

승리를 거두는 사람은 원인과 결과를 고려하여 계획을 세우고 이를 추진해나간다. 운에 의지하면서 승리를 거두려는 사람은 없다. 패배자는 명확한 원인과 결과에 대한 고려 없이 피상적으로 계획을 세우며 왠지 자신에게는 행운이 따라 승리할 것이라 착각한다. 당신의 인생은 하나뿐이기에 운이 좋으면 이기고 운이 안 좋으면 질 것이라는 계획은 너무도 위험하다.

victor 승리자, 정복자

'큰일'에 신경 써라

Those who occupy their minds
with small matters, generally become
incapable of greatness.

Francois de La Rochefoucauld

자신의 정신을 작은 일들로 차지하고 있는 사람들은,
대개 위대해지는 것이 불가능하다.
프랑수아 드 라 로슈푸크

위대한 인물이 되고 싶다면 사소한 일들에 괘념치 말고 자신이
세운 목표를 추구하는 데에 집중해야 한다. 옷 입는 것, 헤어스
타일 등의 외모뿐만 아니라 인간관계의 사소한 문제 역시 필요
이상으로 신경 쓰면 안 된다. 각자에게 주어진 시간과 능력 등의
자원은 한계가 있기 때문에, 큰 목표를 위해 그 유한한 자원들에
집중해야 할 것이다.

---

occupy 차지하다, 점령하다 incapable ~할 수 없는 greatness 위대함, 큼

모든 것의 시금석은 불행

The measure of a man is
the way he bears up under misfortune.

Plutarch

사람을 판단하는 기준은
그가 불행을 어떻게 견뎌내는가 하는 것이다.

플루타르크

어떤 사람은 금방 좌절하여 쉽게 포기하거나 또는 남에게 책임을 돌리며 회피하고자 한다. 또 어떤 사람은 이를 자신의 탓으로 돌리고 좌절하지 않으며 다시 도전한다. 전자는 신뢰하기 힘든 사람으로 함께 일할 수 없으며, 후자는 존경받을 가치가 있는 사람으로 보다 큰 책무를 감당할 수 있다.

---

measure 재다, 측정하다, 치수, 분량, 한도, 판단 기준

눈 뜬 장님

The blind cannot see, the proud will not.

Russian Proverb

눈이 먼 사람들은 볼 수가 없고,
오만한 사람들은 보지 않으려 한다.
러시아 속담

눈이 먼 사람들은 물리적으로 앞을 볼 수 없으나, 오만한 사람들은 보이지만 안 보려고 하기 때문에 볼 수 없다. 자신의 시각이 무조건 옳다고 확신하기 때문에 누구도 그를 설득할 수 없고, 눈앞에 펼쳐진 어떤 결과도 그의 판단을 되돌릴 수 없다. 반대로 겸손한 사람들은 다른 사람이 굳이 지적하지 않아도 스스로 깨달으며, 따라서 나쁜 결과가 전개되기 이전에 이를 미연에 방지하거나 나아가 상황을 자신에게 긍정적으로 이끌어낼 수 있다.

blind 눈 먼, 맹목적인 proud 거만한, 오만한, 자존심이 있는, 자랑으로 여기는

더불어, 함께 꿈꿔라

A dream you dream alone is only a dream.
A dream you dream together is reality.

John Lennon

당신 홀로 꾸는 꿈은 단지 꿈에 불과하다.
함께 꾸는 꿈은 현실이다.
존 레논

비관론자나 회의론자들은 현실을 바꾸기가 지극히 어렵기 때문에 현실에 순응하며 그 안에서 살기를 주장한다. 그러나 인류의 역사는 많은 사람들이 현실을 바꾸길 원하고 이를 행동으로 옮긴다면, 영원할 것 같은 일들이 오래지 않아 바뀌게 된다는 사실을 보여준다. 당신의 꿈이 당신 자신을 넘어 사회를 바꾸는 것이라면 다른 사람과의 유대는 선택이 아닌 필수가 된다.

dream 꿈, 꿈꾸다 reality 현실, 실재

지금 이 순간이 전부인 듯

Confine yourself to the present.
Marcus Aurelius

스스로를 현재에 한정하라.
마르쿠스 아우렐리우스

책상 앞에 앉아서 과거를 회상하며 후회와 자책으로 시간을 보내지 말고, 미래를 생각하며 장밋빛 환상에 들떠서 마음을 흔들지도 말라. 당신이 현재 해야 할 일은 당면한 과제에 온 주의를 집중하여 최고의 결과를 만들어내도록 노력하는 것이다. 만약 과거와 미래를 생각하고자 한다면, 현재 당신의 노력을 그 연결고리로 삼고 생각하라. 후회스러운 과거는 현재의 노력으로 상쇄될 것이며 미래의 당신의 모습은 현재의 노력으로 밝게 빛날 것이다.

confine 한정하다, 인접하다, 경계, 한계, 한정된 범위
present 선물, 현재의 (the present 현재)

성공에 앞선 전진

I couldn't wait for success,
so I went ahead without it.

Jonathan Winters

나는 성공을 기다릴 수 없었고,
그래서 성공에 앞서 전진했다.

조나단 윈터스

성공을 간절히 원한다면 성공이 오기를 수동적으로 기다리지
말고, 적극적으로 성공을 이끌고 앞으로 나아가려는 마음가짐
이 필요하다. 다른 사람들의 성공의 길을 따라가려 하지 말고,
다른 사람들과 상의하며 성공의 길을 만들어가려고도 하지 말
라. 당신 스스로 성공할 수밖에 없는 상황을 만들어 나아가면서
성공의 길을 개척하라.

go ahead 앞서 나아가다

승리의 열쇠는 평정심

The key to winning is poise under stress.
Paul Brown

승리의 열쇠는 스트레스 아래에서도
평정을 유지하는 것이다.
폴 브라운

뭔가를 반드시 이뤄야만 하고 결코 포기할 수 없다고 생각하면 엄청난 스트레스가 뒤따른다. 그런데 이는 당신만이 아닌 당신의 경쟁 상대들 역시 마찬가지다. 모두에게 공통으로 주어지는 스트레스 아래에서는 마음의 평정을 유지하는 사람만이 승리를 거두게 된다. 마음의 평정을 위해 스트레스 자체를 지나치게 부담스러워 말고 이를 모두가 겪는 당연한 것으로 생각하는 편이 도움이 될 수 있다.

poise 균형 잡히게 하다, 평형, 평정

내일은 우리의 것

Yesterday is not ours to recover,
but tomorrow is ours to win or lose.

Lyndon B. Johnson

어제는 우리가 되찾을 수 없는 것이지만,
내일은 승리하거나 패배할 수 있는 우리들의 것이다.

린든 B. 존슨

어제는 우리가 이미 떠나보낸 것이지만 내일은 우리가 결정하는 우리의 것이다. 어제는 이미 지나갔기에 우리가 영향을 미칠수 없다. 그러나 내일은 현재의 행동 여하에 따라 승리하거나 패배할 수 있기에 우리의 영향이 직접적으로 미치는 우리의 것이라고 할 수 있다. 그렇기 때문에, 더 이상 어제에 얽매이지 말고 내일을 바꾸기 위해 현재에 최선을 다하라.

recover 되찾다, 원상태로 되다, 회복하다

운명에 초연하기

If fortune favors you do not be elated;
if she frowns do not despond.

Ausonius

만약 운명의 여신이 당신을
편애한다 해도 우쭐대지 말고,
만약 그녀가 찡그릴지라도 낙담하지 말라.

아우소니우스

운명의 여신이 당신을 편애하여 당신을 좋은 곳에 위치시키더라도 우쭐해서 남을 무시하거나 자만해서 노력을 게을리하지 말라. 또한, 운명의 여신이 찡그려 당신의 삶을 엉망으로 만들지라도 낙담하여 자포자기하지 말라. 운명의 여신은 변덕이 심하기 때문에 언제든지 그녀의 마음은 바뀔 수 있다.

---

fortune 운, 재산, 운명 elate 우쭐대게 하다, 의기양양하게 하다
frown 찡그리다, 찌푸리다 despond 낙담하다, 실망하다

행복은 내 안에 있는 법

Happiness doesn't depend on
any external conditions,
it is governed by our mental attitude.

Dale Carnegie

행복은 어떤 외부적인 조건들에 달려 있지 않다.
그것은 우리의 정신적인 태도에 의해 다스려진다.

데일 카네기

행복은 물질적 조건이 아닌 정신적인 태도가 중요하다. 국가별 행복지수(HPI)에서 최빈국인 부탄이 1위를 차지했으며, 우리나라는 한참 뒤처진 68위를 기록했다. 1인당 GNP는 우리나라가 훨씬 높지만 높은 자살률, 입시지옥 등으로 점철된 우리나라 국민이 훨씬 더 불행하다고 느끼는 것이다. 부유함, 높은 명예 등 남이 보기에 그럴듯한 조건들이 아닌 사랑, 우정, 성실 등 내면적 가치를 추구하는 삶이 훨씬 우리를 행복하게 한다.

external 외부의, 표면의, 대외적인 depend on ~에 달려 있다
condition 조건, 상태, 지위 govern 다스리다, 지배하다
mental 정신적인, 마음의 attitude 태도, 마음가짐

미래 형성의 힘

The only way to predict the future
is to have power to shape the future.

Eric Hoffer

미래를 예측하는 유일한 길은
미래를 형성할 힘을 갖는 것이다.
에릭 호퍼

미래가 두려워 이를 미리 알고자 점을 본다거나 신문에 나와 있
는 '오늘의 운세' 또는 잡지의 '이 달의 운세'를 열독하는 사람들
이 적지 않다. 그러나 미래를 미리 알려고 하는 것은 부질없으므
로 차라리 그 시간에 미래를 유리하게 바꿀 수 있는 자신만의 실
력을 갈고닦는 편이 훨씬 긍정적인 영향을 준다. 당신의 운명은
운세에만 의지하기에는 너무나 소중하기 때문이다.

---

predict 예측하다, 예언하다 shape 모양, 형태, 형태를 이루다, 형성하다

어떻든 간에 뛰어라

If you run, you might lose.
If you don't run, you're guaranteed to lose.
Jesse Jackson

당신이 뛰더라도, 당신은 질 수 있다.
만약 뛰지 않는다면, 당신은 확실히 진다.
제시 잭슨

대부분의 사람은 머릿속으로 실패할 가능성과 성공할 가능성을 반반으로 보고, 열심히 노력하기만 하면 성공한다고 생각하거나 또는 게으름을 피우더라도 얼마 후에 본격적으로 열심히 하면 성공할 것이라 생각한다. 그러나 유감스럽게도 현실은 당신이 열심히 노력한다고 해도 원하는 성공을 보장해주진 않는다. 그렇지만, 지금 당장 열심히 노력하지 않는다면 실패할 가능성은 100%다.

---

lose 잃다, 늦다, 느리다, 못 잡다, 지다
guarantee 보증, 담보, 보증하다, 보장하다, 확실히 ~하다

값비싼 지출

Waste of time is the most extravagant
and costly of all expenses.

Theophrastus

**시간을 헛되이 보내는 것은 모든 지출 중에
가장 사치스럽고 값비싸다.**

테오프라스토스

지금 이 순간이 당신에게 어떠한 유익함도 없이 헛되이 낭비되고 있다는 것을 알면서도 당신은 여전히 이를 묵과하고 있다. 또한, 당신의 선택이 옳지 않다는 사실을 알고 있음에도 방향을 바꾸지 않고 타성에 젖어 지금 가는 길을 계속 따라가고 있다. 당신은 영원히 살 수 있는 존재가 아니다. 당신은 유한한 삶을 살도록 운명지어진 하나의 인간이기에 그렇게 시간을 낭비하는 것은 가장 사치스럽고 값비싼 지출이 된다.

extravagant 사치스러운, 헤픈, 낭비적인 costly 값비싼 expense 비용, 지출

후회 없는 삶

Nobody who ever gave
his best regretted it.
George Halas

그가 가진 최선의 것을 준 어떤 사람도
그것을 후회하지 않았다.
조지 할라스

드라마나 소설을 보면 이별한 연인이 '나는 사랑에 최선을 다했기 때문에 후회가 없다'라고 말하는 대목이 종종 나온다. 돌이켜보면 사랑뿐만 아니라 모든 일에 우리가 혼신의 힘을 다했다고 하면 그 자체로 후회의 여지가 없다. 후회는 실패한 이유가 자신이 최선을 다하지 못했기 때문이라고 여길 때 생겨난다. 따라서 당신이 하고자 하는 일에 최선을 다하라. 결코 후회가 없도록…….

---

regret 후회, 유감, 후회하다, 유감으로 생각하다

신념은 굳센 꽃일지니

Faith is not a delicate flower
which would wither away under
the slightest stormy weather.

Mahatma Gandhi

신념은 약간의 험악한 날씨 하에서도
시들어버리는 예민한 꽃이 아니다.
마하트마 간디

신념은 마음을 단단하게 하는 힘이 있다. 진정한 신념을 지니고 일을 추진하는 사람은 스스로의 마음가짐을 굳건히 하여 외부에서 가해지는 어떠한 압박에도 흔들리지 않는다. 천성적으로 예민한 성격이라도 일단 반드시 이루고자 하는 목표가 있다면, 그 성격을 바꿔야 한다. 무슨 일이 있어도 반드시 이루고자 하는 강철 같은 마음으로 바뀌어야 한다.

delicate 섬세한, 미묘한, 예민한 wither away 시들다
stormy 폭풍우의, (날씨가) 험악한

아이디어의 가치

The value of an idea lies in the using of it.

Thomas A. Edison

아이디어의 가치는 그것을 사용하는 데에 있다.

토머스 에디슨

행동하지 않은 채 가만히 앉아 생각만 하고 있는 것은 아무런 가치가 없다. 책에 나오는 '생각이 중요하다'라는 말은 생각을 실행에 옮기는 것까지 포함하는 뜻이지, 생각 자체만을 뜻하지는 않는다. 그렇기에 '나는 비록 행동은 아직 옮기지 못하지만 기발한 생각이 많기 때문에 현재의 게으름은 괜찮다'라는 억지 주장은 하지 말라.

value 가치, 가격, 평가하다, 존중하다

천한 태도가 있을 뿐

There are no menial jobs,
only menial attitudes.

William J. Brennan, Jr.

천한 직업이란 없다.
단지 천한 태도만 있을 뿐이다.
윌리엄 J. 브레넌 주니어

천한 직업이란 따로 없다. 각 직업은 전체 사회의 하나의 부품으로 기능하며, 같은 직업이라도 어떤 사회에서는 높이 평가하고 어떤 사회에서는 낮게 평가하곤 한다. 예를 들어, 석탄을 캐는 일은 어둡고 갑갑한 곳에서 안 좋은 공기를 마시며 하는 작업이라 지극히 힘들지만, 석탄 캐는 사람들이 없다면 사회 전체가 제대로 기능하지 못한다.

---

menial 천한, 비천한

기회는 멋지지 않다

Opportunity is missed by most people
because it is dressed
in overalls and looks like work.

Thomas A. Edison

기회는 대부분의 사람이 놓치고 마는데
왜냐하면 그것은 작업복을 입고 있으며
수고스럽게 보이기 때문이다.
토머스 에디슨

대부분의 기회는 멋지게 포장된 선물이 아닌 힘겨운 작업의 형태로 당신을 맞이한다. 즉, 기회는 당신이 손을 대기만 하면 저절로 알아서 커지는 것도 아니고 남이 어려운 일을 대신 해줄 수 있는 것도 아니다. 오히려 지극히 어렵기 때문에 남들이 쉽게 못하는 것이 대부분이다.

---

opportunity 기회, 호기 dress 옷을 입히다, 옷을 입다
overalls 작업 바지, 작업복

이성의 고삐를 잡아라

If passion drives you,
let reason hold the reins.
Benjamin Franklin

격정이 당신을 몰아간다면,
이성이 그 고삐를 잡도록 하라.
벤저민 프랭클린

격정은 당신을 분별없게 만들 수 있다. 감정이 너무 격앙되어 있는 상태에서 내리는 결정은 언제나 후회를 야기한다. 따라서 그런 순간일수록 당신의 이성이 정상적으로 작동하도록 의식적으로 노력해야 한다. 격정의 순간일수록 보다 차분하게 생각하여 합리적으로 전후 상황을 고려함으로써 당신의 인생을 망쳐버릴 잘못된 판단을 하지 않도록 힘써라.

passion 열정, 열애, 격정, 격노 hold the reins 고삐를 잡다

중용을 지켜라

It is characteristic of wisdom
not to do desperate things.

Henry David Thoreau

극단적인 일들을 하지 않는 것이
현명함의 특징이다.
헨리 데이비드 소로

동양에서도 '중용'을 강조하는 바와 같이 서양에서도 역시 중용, 즉 극단적인 일을 삼가는 것을 강조한다. 극단적인 말과 행동은 개인적인 감정의 폭발로 이는 인간관계를 파탄시키며 결국 하고자 하는 일을 망친다. 예컨대, 화가 나 지나친 폭언을 퍼붓는 것 못지않게 고맙다는 과도한 칭찬의 말 역시 삼가야 한다. 지나치면 칭찬이 아닌 아첨으로 여길 수 있기 때문이다.

characteristic 특징, 특색, 특징(특색)을 이루는
desperate 자포자기의, 필사적인, 극단적인, 절망적인

나를 굳게 믿어라

Dreams never come true
if you don't believe in yourself.
Author Unknown

**만약 당신이 당신 자신을 믿지 못한다면
꿈은 결코 이루어지지 않는다.**
작자 미상

꿈을 꾸기는 쉽지만 꿈을 이루는 데에는 오랜 시간에 걸친 노력이 필요하다. 당신 자신을 믿는 것은 그 오랜 시간을 견딜 수 있는 힘을 제공하기에 아름다운 꿈을 이루기 위해서는 스스로에 대한 믿음이 필수적이다. '할 수 있다'라는 믿음이 없다면 몇 번의 실패에도 당신은 쉽게 무너져버릴 것이기 때문이다.

believe in ~의 존재(인격)를 믿다

발자국이 길을 만든다

Travelers, there is no path,
paths are made by walking.

Antonio Machado

여행자들이여, 길이란 없다.
길은 걸음으로써 만들어진다.

안토니오 마차도

당신 앞에 놓인 길은 지금껏 어느 누구도 걸어보지 못한 완전히 새로운 길이다. 어느 누구도 당신과 똑같은 상황에 처해보지 않았기 때문이다. 그렇기에 어떻게 해야 할지 지나치게 당황하지 말고, 다른 사람의 충고 역시 참고만 할뿐 전적으로 따르지도 말라. 당신이 가야 하는 길은 당신이 가장 잘 갈 수 있다. 용기와 자신감을 가져라.

---

path 길, 작은 길, 행로

생각에서 황금 캐기

More gold has been mined from
the thoughts of men than
has been taken from the earth.
Napoleon Hill

**땅에서보다 사람들의 생각에서
보다 많은 황금이 캐내어 졌다.**
나폴레온 힐

보물을 찾으려고 여기저기 헤매고 다니지 말라. 가장 가치 있는 보물은 당신 자신의 생각에서 찾아낼 수 있다. 많은 책을 읽고 비판적으로 생각하며 다른 사람들의 생각을 주의 깊게 들어라. 위대한 성공을 거둔 사람들은 보물을 찾아 헤매고 다닌 사람들이 아니라 생각이 남들보다 뛰어났던 사람들이었다.

mine 광산, 풍부한 자원, 캐내다, 채굴하다 thought 생각하기, 사색, 사상, 생각

인과응보

Shallow men believe in luck.
Strong men believe in cause and effect.

Ralph Waldo Emerson

깊이가 없는 사람들은 운을 믿는다.
강한 사람들은 원인과 결과를 믿는다.
랠프 월도 에머슨

행운을 기대하지 말라. 행운을 믿는 것 자체가 열심히 일하는 것을 방해하여 당신을 성공으로부터 멀리 떨어뜨려 놓을 수 있다. 피상적으로 보면 세상에서 운이 상당히 중요한 것 같지만, 운이 차지하는 비중은 지극히 미미하다. 절대 다수의 경우 운이 아닌, 원인과 결과로 세상은 돌아가고 있다. 피땀 흘려 노력하면 성공을 거둘 확률이 높고, 허송세월을 보내다 보면 비참한 미래가 기다리고 있다.

---

shallow 얕은, 깊이가 없는 cause 원인, 주의, 원인이 되다, (결과를) 일으키다

행복은 단지 희미해질 뿐

Riches, prestige, everything can be lost.
But the happiness in your own heart
can only be dimmed. it will always be there,
as long as you live, to make you happy again.

Anna Frank

부, 명예, 모든 것을 잃을 수 있다.
그러나 당신 마음의 행복은 단지 희미해질 뿐이다.
그것은 당신이 살아 있는 한 당신을 다시
행복하게 해주기 위해 언제나 거기에 있다.
안네 프랑크

모든 것을 잃어서 불행하다고 생각하는 당신은 현재의 불행이
영원히 이어진다고 생각할 수 있지만, 행복은 당신이 알아채지
못할 정도로 희미해져 있을 뿐 없어진 것은 아니다. 행복은 여전
히 그 자리에 존재하고 '당신이 살아 있는 한' 다시 미소 지으며
돌아올 것이기에 절대로 포기해서는 안 된다.

---

riches 부, 재산 prestige 명예, 위신
dim 어둑한, 희미한, 어둑하게(희미하게) 하다

나를 정복하라

The only conquests which are
permanent and leave no regrets
are our conquests over ourselves.

Napoleon Bonaparte

영구적이며 어떠한 후회들도 남기지 않는
유일한 정복은 우리 스스로에 대한 정복이다.
나폴레옹 보나파르트

다른 사람이나 다른 나라를 정복하는 것은 일시적이다. 또한 그
러한 정복은 양측에 희생이 많이 따르기 때문에 후회의 여지도
그만큼 많다. 반면, 스스로에 대한 정복은 마음이 확고한 이상
영구적이며, 남을 희생시키는 것이 아닌 자기 극복의 자랑스러
운 역사가 된다.

---

conquest 정복, 획득 permanent 영구적인, 영속적인, 불변의
regret 후회, 후회하다

가장 든든한 친구는 '나'

If you make friends with yourself
you will never be alone.
Maxwell Maltz

만약 당신이 당신 자신과 친구가 될 수 있다면,
당신은 결코 외롭지 않을 것이다.
맥스웰 몰츠

스스로를 소중하게 여기고 사랑과 정성을 베푼다면 당신은 언제 어디서든 외롭지 않다. 또한 진정한 친구를 사귀기 위해서라도 당신은 먼저 자기 자신과 친구가 되어야 한다. 스스로를 배려하고, 아껴주며, 실수를 용서하고, 때에 따라 많은 기쁨을 선사할 수도, 따끔하게 혼낼 수도 있는 사람이 되면 더 이상 외롭지 않고 진정한 친구도 사귈 수 있으리라.

---

alone 홀로, 외로이, 혼자서

처음 욕구 억누르기

It is much easier to suppress
a first desire than to satisfy those that follow.

François de la Rochefoucauld

처음의 욕구를 억누르는 것이 뒤따르는 것들을
만족시키는 것보다 훨씬 쉽다.
프랑수아 드 라 로슈푸코

우리 주변에는 우리의 욕구를 자극하는 유혹물들이 너무도 많다. 그러한 유혹들은 손을 뻗치면 언제든 닿을 거리에 있기 때문에 빠지기가 매우 쉽지만 빠져나오기는 지극히 어렵다. 처음의 욕구를 억누르는 편이 훨씬 쉽기 때문에 아예 처음부터 시작하지 말아야 한다. 처음부터 경계하지 않으면 우리의 인생이 그것들로 인해 망가져버릴 것이다.

---

suppress 억누르다, 억압하다 satisfy 만족시키다, 충족시키다
follow 뒤따르다, 계속하다, 좇다, 말을 이해하다

빛을 주어라

Give light, and the darkness
will disappear of itself.
Desiderius Erasmus

**빛을 주어라. 그러면 어둠은
저절로 사라져버릴 것이다.**
데시데리위스 에라스뮈스

당신이 지금 절망 속에 빠져 있다면 그 안에서 나올 수 있는 가장 확실한 방법은 절망을 벗어나려 몸부림치는 것이 아닌 새로운 희망을 가지는 것이다. 희망의 빛으로 인해 절망의 마음은 스스로 사라지게 된다. 만약 당신이 현재의 사회를 바꾸고 싶다면, 그 변화를 이끄는 희망의 빛이 되어라. 당신이라는 빛으로 인해 사회악은 스스로 모습을 감출 것이며 사회는 변할 것이다.

---

darkness 암흑, 무지, 어둠 disappear 사라지다, 모습을 감추다
of itself 저절로, 자연히

사랑과 성장

Love dies only when growth stops.

Pearl S. Buck

사랑은 성장이 멈출 때에만 소멸한다.
펄 벅

당신이 성숙하다면 당신은 결코 사랑을 멈추지 않을 것이다. 당신이 가족, 친구, 나아가 세상을 사랑하지 못하는 이유는 그들의 잘못이 아니라 아직 당신이 충분히 성숙하지 않기 때문이다. 그렇기에, 당신의 사랑이 부족하다고 자책하지 말고 먼저 인격을 성숙시키는 데에 모든 것을 집중하라. 그러면 사랑하는 마음은 저절로 따라온다.

growth 성장, 성숙, 증대

거짓말은 습관

He who permits himself to tell a lie once,
finds it much easier to do it a second
and a third time till at length
it becomes habitual.

Thomas Jefferson

스스로 한 차례의 거짓말을 허용하면,
두 번째 세 번째는 훨씬 쉽게 허용하게 되고
마침내는 습관적으로 거짓말을 하게 된다.

토머스 제퍼슨

거짓말은 처음엔 별 생각 없이 하다가 자신도 모르게 습관으로 굳어지면 나중에는 상습적으로 변한다. 그렇기에, 아예 처음부터 거짓말을 시작하지 않도록 노력해야 한다. 단, 선의의 거짓말은 예의의 문제로 이 경우에서 제외된다. 못생겼다고 생각하는 사람에게 못생겼다고 말한다면 이는 지독한 결례가 된다.

---

permit 허락하다, 허가하다, 허락, 인가 habitual 습관적인
at length 마침내, 드디어, 상세히, 장황하게

자아는 만들어지는 것

Finding oneself was a misnomer.
A self is not found but made.

Jacques Barzun

자신을 발견한다는 것은 오칭이다.
자아는 발견되는 것이 아니라 만들어지는 것이다.
자크 바전

당신의 전체적인 진정한 모습은 어차피 아무도 모르며, 외부의 영향을 받아 변화를 멈추지 않기에 아무도 알 수 없다. 그러니 당신 자신의 본모습을 발견하는 데에 너무 집착하지 말라. 그보다는 인격이나 능력 등을 당신이 원하는 방향으로 보다 성숙시키고자 노력하는 편이 좀 더 생산적일 것이다.

---

misnomer 오칭, 잘못 부름, 틀린 이름

실수 없는 인생은 허튼 인생

The only man who makes no mistakes
is the man who never does anything.
Theodore Roosevelt

어떤 실수도 하지 않은 유일한
사람은 어떤 일도 하지 않은 사람이다.
테오도어 루즈벨트

당신이 지금 하고자 하는 일이 있다면 실수나 실패를 두려워해
서는 안 된다. 모든 사람이 실수를 저지르며 실패의 경험이 있고,
위대한 인물일수록 더욱 힘든 시행착오의 과정을 거쳤다. 단지
실수나 실패로 인해 좌절하여 포기하지 않고, 그것을 통해 배우
며 되풀이하지 않겠다는 마음가짐만 지니면 그것으로 충분하다.

mistake 잘못, 실수, 틀리다, 오해하다

절대 '나'를 속이지 마라

Lying to ourselves is more deeply
ingrained than lying to others.
Fyodor Dostoyevsky

스스로에게 거짓말하는 것이 남들에게
거짓말하는 것보다 좀 더 깊숙이 뿌리박혀 있다.
표도르 도스토옙스키

다른 사람에게 하는 거짓말은 죄악시하면서도 스스로에게 하는 거짓말은 큰 문제라고 생각하지 않는 경우가 대부분이다. 이는 임시방편적인 자기 타협으로 스스로를 속이는 것이다. 스스로에게 하는 거짓말을 멈추고 진실만을 말한다면 우리의 인생은 완전히 바뀔 수 있다.

ingrain 짜기 전에 염색하다, (습관 등을) 깊이 뿌리박히게 하다

행복할 만한 가치

Morality is not the doctrine of how
we may make ourselves happy, but how
we may make ourselves worthy of happiness.

Immanuel Kant

도덕은 어떻게 우리 스스로를 행복하게 만드는지에
대한 교의가 아니라, 어떻게 우리 스스로를
행복할 만한 가치가 있도록 만드는지에 대한 교의이다.
임마누엘 칸트

도덕은 우리를 행복하게 만들어주지 않고, 오히려 우리가 느끼는 쾌락에 죄책감을 가져다주어 행복으로부터 우리를 더 멀어지게 할 수 있다. 그러나 도덕적으로 올바르지 못한 생활을 하여 남의 행복을 침해하거나 말살하면서 자신만의 행복을 추구한다면 이는 전혀 공정하지 않다. 당신은 행복해지기를 원하지만 당신이 과연 행복할 만한 가치가 있는 사람일까? 그 답은 당신이 도덕을 얼마나 잘 지키느냐에 달려 있다.

morality 도덕, 도덕성 doctrine 교의, 주의 worthy 가치 있는

최선을 고수하라

The only failure a man ought
to fear is failure in cleaving to
the purpose he sees to be best.

T. S. Eliot

인간이 두려워하는 유일한 실패는 그가 최선이라고
생각하는 목적을 계속 고수하지 못하는 것이다.

T. S. 엘리엇

심사숙고하여 삶의 목적을 일단 정했으면 그것을 향해 최선을
다해 나아가야 한다. 그 과정에서 많은 실패를 겪더라도 결코 포
기하지 말고 앞으로 계속 전진해야 한다. 지나치게 실패를 두려
워하면 최선을 다해 집중할 수 없다는 사실도 명심해야 한다. 삶
의 목적을 향해 나아가는 과정에서 유난히 당신에게 실패가 많
다는 것은 그러한 목적을 달성하기가 그만큼 어렵다는 반증이
며, 따라서 그만큼 가치 있는 목적이라는 것을 뜻한다.

---

failure 실패, 부족, 쇠약 ought to ~해야 한다 cleave 쪼개다, (주장 등을) 고수하다

몇 번의 실패는 애교

Edison failed 10,000 times
before he made the electric light.
Do not be discouraged if you fail a few times.
Napoleon Hill

에디슨은 전구를 만들기 전, 만 번이나 실패했다.
그러니 몇 번의 실패를 했다고 낙담하지 말라.
나폴레온 힐

당신이 지금 계속된 실패로 낙담하고 있다면 에디슨의 경험을
떠올려 보라. 그는 전구 하나를 완성해내기 위해 만 번의 실패를
거쳤다. 공인된 천재인 에디슨도 그리 했을진대 당신이 몇 번의
실패에 낙담하여 포기해버린다면 그것은 당신이 에디슨보다 낫
다는 일종의 자만이다.

---

fail 실패하다, 못하다, 부족하다 electric 전기의, 전기와 같은
light 빛, 불꽃, 밝은, (색이) 옅은, 불을 켜다, 불이 붙다
discourage 용기를 잃게 하다, 낙담시키다

자신감은 노동과 헌신의 결과

Confidence doesn't come out of nowhere.
It's a result of something hours and days
and weeks and years of constant
work and dedication.

Roger Staubach

자신감은 어디선가 불쑥 나타나지 않는다.
그것은 어떤 것의 결과이다. 몇 시간, 며칠, 몇 주,
몇 년의 끊임없는 노동과 헌신의 결과인 것이다.

로저 스타우바흐

모두가 큰 자신감을 갖기를 원하지만 이는 하루아침에 주어지지 않는다. 작은 일부터 성취하면서 자신감을 가지고 이후 좀 더 큰일을 성취하면서 자신감을 계속 키워나가는 것이 중요하다. 이런 선순환이 반복되다 보면 어느새 위대한 일도 해나갈 수 있는 자신감을 가지게 될 것이다.

confidence 신용, 신뢰, 자신감, 확신 result 결과, 성과
constant 지속적인, 끊임없는 dedication 헌신

나는 내 삶의 작가

We are the authors
of our own disasters.
Latin Proverb

우리는 우리 자신의 재난에 대한 작가들이다.
라틴 속담

당신 자신이 당신의 운명을 결정짓는다. 당신이 겪은 재난은 스스로 초래했으며 또한 당신이 겪은 뿌듯한 성취 역시 스스로 초래했다. 다른 사람에게 책임을 돌릴 수 없고 돌려서도 안 된다. 같은 맥락으로, 당신이 과거의 재난을 직접 써내려 간 것처럼 미래에 다가올 영광스런 역사 역시 당신 스스로 써나갈 수 있다.

author 작가, 창조자 disaster 재난, 큰 재해, 참사

재능과 명성과 자만

Talent is God given. Be humble.
Fame is man-given. Be grateful.
Conceit is self-given. Be careful.

John Wooden

재능은 하나님이 준 것이다. 겸허하라.
명성은 사람이 준 것이다. 감사하라.
자만은 스스로 준 것이다. 조심하라.

존 우든

재능은 당신이 스스로 얻은 것이 아니라 하나님의 선물이다. 따라서 그러한 재능으로 남을 괴롭히거나 무시해서는 안 된다. 명성은 사람들이 당신이 가치 있다고 여기는 것이기에 그들에게 감사해야 한다. 자만은 당신이 혼자 느끼는 것이므로 아무런 근거가 없다. 따라서 자기 자신을 과대평가할 수 있기 때문에 자만은 스스로 조심해야 한다.

---

humble 겸손한, 겸허한, 천한 fame 명예, 명성 grateful 감사하는
conceit 자만, 오만

승리는 끈기의 몫

Victory belongs to the most persevering.

Napoleon Bonaparte

승리는 가장 끈기 있는 사람이 가져간다.
나폴레옹 보나파르트

위대한 성과나 위대한 승리는 끈기에 의해 현실화된다. 그렇지만 끈기를 발휘하는 것은 결코 쉽지 않으며 대부분의 사람들은 끈기가 부족하여 쉽게 포기해버린다. 그런데, 끈기란 절대적인 개념이 아니라 상대적인 개념으로, 당신이 당신의 적수나 경쟁 상대보다 조금만 더 끈기 있게 버티면 되는 것이다.

persevering 끈기 있는, 참을성 있는, 굴하지 않는

끈기는 단거리 경주

Perseverance is not a long race,
it is many short races one after the other.

Walter Elliot

끈기는 장거리 경주가 아니다.
그것은 연달아 일어나는 많은 단거리 경주이다.

월터 엘리엇

끈기란 아침부터 밤까지 쉬지 않고 노력하는 것이 아니라, 하루의 정해진 시간 동안만 쉬지 않고 집중하는 것이다. 예컨대, 잠시 동안 쉬었다가 다시 집중할 수 있고, 혹은 다른 일을 하다가 다시 집중할 수 있다. 그렇게 생각하면 끈기란 당신이 범접할 수 없는 초인의 영역에 해당하지는 않는다.

perseverance 끈기, 인내(력)

긍정적으로 사고하라

The positive thinker sees the invisible,
feels the intangible,
and achieves the impossible.
Author Unknown

긍정적 사고를 지닌 사람은 보이지 않는 것을 보며,
만질 수 없는 것을 느끼며, 불가능한 것을 이룬다.
작자 미상

마음가짐의 변화는 그 긍정적 효과 및 부정적 효과가 거대한 차이를 만들어내기에 무슨 일을 하든지 긍정적인 태도가 중요하다. 예컨대, 긍정적 사고를 지니는 것만으로도 이전에는 결코 할 수 없었던 일들로 여겼던 많은 것들을 이루어낼 수 있다. 반면, 부정적 사고를 가지면 남들은 그 상황에서 큰 어려움 없이 해냈던 것들이 자신이 보기에는 도저히 불가능한 일들로 여겨지게 된다.

---

positive 단정적인, 확신하는, 긍정적인 invisible 보이지 않는
intangible 만질 수 없는

한 번만 더 일어나라

Success consists of getting up
just one more time than you fall.
Oliver Goldsmith

성공은 당신이 주저앉는 것보다
한 번만 더 일어나는 것으로 이루어져 있다.
올리버 골드스미스

성공과 실패는 작은 차이가 결정한다. 당신이 지금 포기하여 주저앉아 버린다면 당신의 인생은 실패로 끝날 것이다. 이에 반해, 분발하여 한 번만 더 일어난다면 당신은 더 이상 패배자가 아니다. 단 한 번만 더 몸을 일으켜 다시 도전한다면 지금의 실패는 영광스러운 성공으로 변화한다. 인생의 성공은 이렇게 '한 번만 더 일어나는 것'들이 모여서 이루어진다.

consist of ~로 이루어져 있다 consist in ~있다(존재하다)
consist with ~와 일치하다

아름다움의 비밀은 열정

Zest is the secret of all beauty.
There is no beauty that
is attractive without zest.

Christian Dior

열정은 모든 아름다움의 비밀이다.
열정 없이 매력적인 아름다움이란 없다.
크리스티앙 디오르

뭔가를 열정적으로 하는 모습은 그 자체로 매력을 뿜어낸다. 허구한 날 외모만 가꾸면서 어떤 생산적인 일도 하지 않은 채, 남에게 의지해서 산다고 하면 아무리 외모가 그럴듯해도 매력은 급격히 떨어진다. 반면, 외모가 뛰어나진 않더라도 뭔가에 매진하여 열정적으로 노력하는 모습은 지극히 매력적일 수밖에 없다.

---

zest 풍미, 맛, 열의, 열정 attractive 매력적인

본성에 휘둘리지 않기

Man's chief merit consists in
resisting the impulses of his nature.

Samuel Johnson

사람의 최고의 장점은
본성의 충동들을 물리치는 데에 있다.
사무엘 존슨

공부나 일을 하기 싫은 것은 자연스러운 현상이다. 게으름을 피우거나 친구들과 놀러 다니고 싶은 마음은 누구에게나 있다. 주지하다시피, 동물은 자연스러운 욕구를 충족시키는 삶을 살아가며 단지 인간만이 욕구를 물리치면서 살아가는데, 동물과 인간 중 인간만이 문명을 이뤘으며 보다 높은 평가를 받는다.

chief 제1의, 최고의 resist 저항하다, 격퇴하다, 방해하다
impulse 추진(력), 충동, 일시적 충격

가진 것을 즐겨라

Who seeks more than
he needs hinders himself
from enjoying what he has.
Hebrew Proverb

필요한 것보다 더 많은 것을 구하는 사람은
가진 것을 즐기는 것을 스스로 방해한다.
유대교 속담

남들이 보기엔 많은 것을 가져 행복해 보여도 스스로가 만족하지 못하다면 전혀 행복하지 않다. 가진 것의 많고 적음에 관계없이, 가진 것을 즐길 줄 알아야 행복한 것이다. 가진 것을 별것 아니라고 생각하고 앞으로 가져야 할 것에만 집중한다면, 그 사람은 어떤 것을 가지는가에 상관없이 불행하다.

hinder from ~하는 것을 방해하다, 훼방하다

몰락을 부르는 오만

Pride comes before a fall.
Proverb

오만은 몰락 앞에 온다.
속담

남들과의 경쟁에서 승리하기 위해서는 언제나 자신이 더 개선해야 할 점이 있는지 확인하고 부단히 노력해야 하며, 또한 다른 사람의 장점이 자신의 장점보다 우위에 있는 것이 아닌지 검토하면서 이를 견제할 만한 나만의 장점을 발굴 및 발전해야 한다. 그런데, 오만하면 남의 장점을 보지 못하고 자신의 개선점 역시 발견하지 못하기에 결국 남과의 경쟁에서 패배하여 몰락할 수밖에 없다.

---

pride 자랑, 오만, 자만심 fall 떨어지다, 넘어지다, 낙하, 가을, 실패, 몰락

보다 열심히 일할 것

The harder you work, the luckier you get.
Gary Player

보다 열심히 일할수록, 보다 많은 행운을 잡는다.
게리 플레이어

남들보다 운이 좋은 사람이 되기 위해서는 남들보다 더욱 열심히 일해야 한다. 가만히 앉아서 운이 좋아지기를 기다리는 것은 확률적으로도 말이 되지 않는다. 열심히 일할수록 보다 많은 기회에 노출되며, 보다 좋은 인연을 만들 기회 역시 증가하기 때문이다. 자수성가한 백만장자가 어렸을 때부터 이런저런 일을 많이 했다는 얘기를 들어보았으리라. 그들은 많은 일을 함으로써 그만큼 행운의 확률 역시 높여나갔다.

the 비교급 ~, the 비교급 ~하면 할수록 ~하다

346

진정한 사랑

True love doesn't come to you,
it has to be inside you.

Julia Roberts

**진정한 사랑은 당신에게 다가오지 않는다.
그것은 당신 안에 있어야 한다.**

줄리아 로버츠

당신은 암울한 현실을 벗어나는 방법의 하나로 진정한 사랑이 당신에게 다가오기를 원한다. 그런 사랑을 맞이하면 삶이 마치 마법처럼 일순간에 밝게 변한다고 생각하겠지만, 진정한 사랑은 당신 안에 있으니 당신이 해야 할 일은 외부의 사랑을 맞이하는 것이 아니라 당신 안의 진정한 사랑을 발견하고 이를 보다 크게 키워내는 것이다. 암울한 현실을 벗어나는 것 역시 당신 내부의 힘을 통해서 가능하다.

---

inside 안쪽, 안쪽의, 은밀한, 내부에, 마음속으로, ~이내에

이미 얻은 것을 좋아하라

Success is getting what you want.
Happiness is liking what you get.

H. Jackson Brown, Jr.

성공이란 당신이 원하는 것을 얻는 것이요,
행복이란 당신이 얻은 것을 좋아하는 것이다.
H. 잭슨 브라운 주니어

'원하는 것을 얻는 것'이 성공이라고 한다면, 백만장자가 된다거나 중요한 시험에 합격하는 거창한 일이 아닌 '상대방으로부터 미소를 이끌어내는 것' 같이 약간은 사소한 모든 일까지 성공의 범주에 넣을 수 있다. 행복을 '얻은 것을 좋아하는 것'이라고 한다면, 우리는 사소한 모든 것들을 통해서 마음껏 행복해할 수 있으므로 우리의 인생은 보다 많은 성공으로 보다 자주 행복해지리라.

다르게 생각하기

In order to go somewhere else,
we must think in a different way.

Albert Einstein

다른 어디론가 가기 위해 우리는 먼저
다르게 생각해야 한다.
알버트 아인슈타인

다른 사람과는 구별되는, 보다 나은 삶을 살아가기 위해 당신은 먼저 생각부터 달라야 한다. 다른 사람의 의견에 과감히 "No"라고 말할 수 있어야 하며, 보다 창의력을 발휘하여 다른 사람이 생각하지 못하는 것을 생각할 수 있어야 한다. 같은 맥락으로, 다가오는 시대가 이전의 시대보다 좀 더 나아지기를 원한다면, '우리'는 이전 세대와는 다르게 생각할 수 있어야 한다.

in order to ~하기 위해

희망을 담은 용기

There is hope in dreams, imagination,
and in the courage of those who wish
to make those dreams a reality.

Jonas Salk

꿈과 상상 안에 희망이 있으며, 그러한 꿈을
현실로 만들기를 바라는 이들의 용기 안에도
희망이 있다.

조너스 소크

희망은 물질적으로 실재하는 것이 아니라 우리의 꿈과 상상 안에 존재한다. 그리고 무엇보다 강력한 희망은 눈에 보이지 않는 희망을 현실로 구체화하기 위해 적극적으로 추진하는 사람들의 용기 안에 있다. 우리의 내부와 외부의 부정적인 견해와 방해물들을 모두 극복해야만 꿈이 현실이 되기 때문에 꿈을 이루는 데에 가장 중요한 것은 용기이다. 오직 용기로써 그러한 것들을 극복할 수 있기 때문이다.

imagination 상상, 상상력 reality 진실, 사실, 현실

발은 땅에, 생각은 하늘에

Keep your feet on the ground and
your thoughts at lofty heights.
Peace Pilgrim

당신의 발은 땅에 두고 당신의 생각은
매우 높은 높이에 두어라.
피스 필그림

인생의 커다란 성취를 위해 이상과 목표를 높이 두는 것은 중요
하다. 그러나 보다 중요한 것은 무슨 일을 하려든 간에 현실에
기반을 두어야 한다는 점이다. 이를테면 하고 싶은 일을 하기 위
해 금전적인 문제도 함께 고려해야 하며, 계획은 관련 정보를 가
능한 많이 습득하여 가급적 가장 구체적으로 세워야 한다.

---

lofty 높은, 고상한 height 높음, 높이, 키, 극치

먼저 나부터 고쳐라

Those who would mend the
world must first mend themselves.

William Penn

세상을 고치고자 하는 사람들은
먼저 스스로를 고쳐야 한다.
윌리엄 펜

많은 사람이 자신의 허물을 알면서도 고치는 것을 미루며 남들의 허물을 고쳐야 한다고 소리 높여 말한다. 물론 세상의 잘못을 고치는 일은 중요하지만 순서상 자신의 잘못을 먼저 고치는 것부터 시작해야 하지 않을까? 자신의 게으름, 나태함, 부정적 사고 등을 먼저 고치고 이후 세상의 잘못을 지적한다면 보다 당당하고 설득력 있을 것이다.

mend 고치다, 수선하다, 개선하다

만족을 모르는 병

The fastidious are unfortunate;
nothing satisfies them.

Jean de La Fontaine

까다로운 사람은 불행하다.
어떤 것도 그들을 만족시킬 수 없기 때문에.
장 드 라퐁텐

당신이 까다롭게 굴면 다른 사람이 피곤하지만 당신도 역시 불행하게 된다. 아무리 좋은 것을 가져도 만족하지 않고 항상 불만이 있기 때문이다. 그리고 당신에게 무언가를 주는 사람은 당신이 만족하지 못하리라는 사실을 알기 때문에 기꺼이 주려 하지 않는다. 결국, 인간관계에서도 부정적 영향을 끼칠 수밖에 없다.

---

fastidious 까다로운, 괴팍스러운 unfortunate 불운한, 불행한

행복의 문

Happiness often sneaks in
through a door you didn't know you left open.

John Barrymore

**행복은 종종 당신이 열어둔지도 몰랐던
문을 통해 살금살금 들어온다.
존 베리모어**

평소에 베풀고 지내면 생각하지도 못하는 때에 베풀었던 것들이 갑절이 되어 돌아온다. 왜냐하면, 당신이 베풀었던 친절을 갚으려는 사람들이 기회를 노리고 있기 때문이다. 반대로 평소 이기적인 사고로 똘똘 뭉쳐 남에게 못되게 굴었다면 뭔가 잘 풀리지 않거나 예상외의 난관에 부딪히는 경우가 적지 않게 생긴다. 왜냐하면, 당신으로 인해 피해를 봤던 사람들이 복수할 기회를 노리고 있기 때문이다.

---

sneak 살금살금 움직이다, 몰래 움직이다

하찮은 영향

Little things affect little minds.

Benjamin Disraeli

작은 것들은 하찮은 사람들에게 영향을 미친다.
벤저민 디즈레일러

작은 것들에 신경을 쓸 수밖에 없지만, 이러한 일에 소비되는 시간과 정성이 큰일을 이룩하는 데에 방해될 정도가 되면 안 된다. 특히 친구와 자주 연예인 이야기를 하는 것을 삼가라. 그 대화가 해당 연예인에게 영향을 전혀 끼칠 수 없을 뿐만 아니라 친구와의 관계 발전에도 별 도움이 되지 않으며, 심지어 허영심을 자극하여 성실하게 일하려는 마음가짐에 해를 끼칠 수도 있다.

affect ~에 영향을 주다, 감동시키다, ~인 체하다

삶 자체를 즐겨라

Too often we are so preoccupied
with the destination, we forget the journey.
Author Unknown

우리는 너무나 자주 목적지에 몰두한 나머지,
여행 자체를 잊어버린다.
작자 미상

행복을 위해서는 이루고자 하는 삶의 목표가 있어야 하지만, 너무 목표 달성에만 몰두하여 삶 자체를 즐기는 것을 잊어서는 안된다. 당신은 수억 분의 일의 경쟁률을 뚫고 이 땅에 태어났기 때문이다. 당신은 행복을 위해 삶의 목표를 찾는 것이고 행복의 가장 우선순위가 그 목표를 추구하는 것이지, 행복을 희생하면서 목표를 찾고 추구하는 것은 아니다.

preoccupy 먼저 점유하다, 몰두하다, 마음을 빼앗다 destination 목적지, 목적

동기의 결핍

What makes life dreary is
the want of a motive.

T. S. Eliot

인생을 따분하게 하는 것은 동기의 결핍이다.

T. S. 엘리엇

당신의 인생이 따분하고 지루하다면 당신을 열심히 살도록 이끄는 삶의 동기가 결핍되어 있는 것은 아닌지 의심해보라. 삶에서 이루고자 하는 일이 없다면 생이 부질없다고 느껴질 수 있기 때문에 순간적인 즐거움만을 추구하는 삶이 될 수밖에 없다. 그리고 이러한 삶은 곧잘 따분해진다.

---

dreary 황량한, 울적한, 따분한 want 결핍, 부족, 원하다
motive 동기, 동인, 제재

인류애를 가져라

Zeal without humanity is like a ship
without a rudder, liable
to be stranded at any moment.

Owen Feltham

인류애가 결여된 열의는 키 없는 배와 같이,
어느 때라도 자칫하면 좌초될 것이다.

오웬 펠텀

자기 자신의 성공만을 위한 열의는 어느 순간에 이르면 무너져 버리기 쉽다. 현재의 노력을 후손들에게 좀 더 좋은 세상을 물려주기 위한 중요한 일환으로 생각하면 실패와 좌절을 겪어도 금세 몸을 다시 일으킬 수 있을 것이다. 반대로, 자신의 이기심만을 위한 공부나 일을 한다고 하면 보다 쉽게 실패와 좌절에 굴복해버릴 것이다.

---

zeal 열의, 열심, 열중, 열성 humanity 인간성, 인간애, 인류(애)
rudder 키, 방향타 liable to ~하기 쉬운 strand 좌초하다

행복의 습관

Happiness is a habit, cultivate it.

Elbert Hubbard

행복은 하나의 습관이다. 그것을 키워라.

엘버트 허버드

행복은 하나의 습관으로 다른 모든 습관과 같이 의식적으로 노력하면 키울 수 있고, 한번 습관이 되면 없애기 힘들다. 따라서 당신을 행복하게 하는 몇 가지를 떠올려 이를 습관으로 만들고자 노력하라. 예컨대 소소한 친절에 감사하며 작은 기쁨에 만족하는 삶이 당신을 행복하게 만든다고 하면, 이를 습관이 되게 하라.

---

cultivate 키우다, 경작하다

작은 기쁨, 작은 성공

Life is made up of small pleasures.
Happiness is made up of those tiny successes.
And if you don't collect all these tiny successes,
the big ones don't really mean anything.

Norman Lear

삶은 작은 기쁨들로 이루어져 있다.
행복은 그러한 아주 작은 성공들로 만들어진다.
이런 작은 성공들을 모으지 않는다면,
큰 성공도 별 의미가 없을 것이다.

노먼 리어

작은 성공들을 기뻐하라. 소소한 기쁨에서 삶의 의미를 발견하지 못한다면 큰 성공이 와도 삶의 의미를 찾을 수 없다. 성공이 행복을 주기는 하지만 행복은 무엇보다 마음가짐이 중요하다. 작은 성공들에 기뻐하고 행복해하는 마음이 없다면, 큰 성공이 와도 일순간만 즐거울 뿐 지속적으로 행복하지 않을 것이다.

---

collect 모으다, 모이다, 수집하다 tiny 아주 작은, 조그마한

성장을 선택하라

Growing old is mandatory,
growing up is optional.
Chili Davis

나이 드는 것은 강제적이나,
성장하는 것은 선택적이다.
칠리 데이비스

성장하는 것은 당신이 인생에서 내렸던 여러 선택의 결과로, 많은 사람이 나이만 들지 성장하지 못한다. 나이가 들면 저절로 성숙한 인격체가 된다고 착각하지 말라. 진정한 성장을 위해서는 무엇보다 각고의 인내와 노력이 필요하며, 그러한 힘든 과정을 겪지 않는다면 하루하루 나이만 먹어갈 뿐이다.

mandatory 명령의, 의무적인, 강제적인 optional 임의의, 선택의

다른 세상을 꿈꾼다면

A different world cannot
be built by indifferent people.
Peter Marshall

다른 세상은 무관심한 사람들에 의해서는
건설될 수 없다.
피터 마샬

현재와는 다른 세상을 바라면서도 자신에게 직접적인 도움이
되지 않는다면 무관심한 사람이 적지 않다. 그들은 현재의 세상
을 불평하고 사람들을 비난하는 것에는 관심이 많지만, 다른 세
상을 만들기 위한 수고—예를 들어, 세상을 바꿀 수 있는 가장
손쉬운 방법 중의 하나인 투표를 하는 것조차—는 쓸데없는 행
동으로 여긴다. 현재의 세상을 바꾸길 원하는 사람들이 보다 적
극적인 관심을 가진다면 정말 다른 세상이 오게 될지도 모른다.

---

indifferent 무관심한, 대수롭지 않은

먼저 고요해져라

When you find peace within yourself,
you become the kind of person who
can live at peace with others.

Peace Pilgrim

자신 안에서 평화를 발견할 때,
당신은 다른 사람들과 평화롭게 살 수 있는 사람이 된다.
피스 필그림

당신의 마음이 지극히 불안정하다면 인간관계에서도 평화로움은 존재할 수 없다. 끓어오르는 분노의 마음이 자기 안에 있는데 어떻게 남들과 진심으로 평화롭게 지낼 수 있겠는가? 내 안에서 평화를 찾고 마음에 평정을 누리면 자연스럽게 세상을 보는 방식이 평화로워지며 그렇게 되면 저절로 다른 사람들과 평화롭게 지낼 수 있다.

---

within ~의 안에, ~이내에, ~의 범위 안에 **at peace** 평화롭게

초기에 저항하라

Resist beginnings. it is too late
to employ medicine when the evil
has grown strong by inveterate habit.

Ovid

초기에 저항하라. 악이 뿌리 깊은 습관에 의해
점점 강해지면 약을 써봐도 너무 늦다.

오비디우스

나쁜 습관일수록 나중에는 더욱 고치기 어렵기 때문에 습관이
들기 전에 강하게 이를 잡아야 한다. 무엇보다 자신을 과대평가
해서는 안 된다. 많은 사람이 호기심으로 시작하면서 자신은 남
들과는 달리 습관이 들기 전에 이를 끊을 수 있다며, 한두 번의
시도는 괜찮다고 생각한다. 모든 중독자가 그런 생각으로 처음
을 시작했다.

---

resist 저항하다, 격퇴하다, 반항하다 employ 쓰다, 고용하다 medicine 약
evil 악, 해악, 나쁜, 사악한 inveterate 뿌리 깊은, 상습적인

허영은 용서 가능

Vanity indeed is a venial error,
for it usually carries
its own punishment with it.

Junius

허영은 참으로 용서할 수 있는 잘못이다.
왜냐하면 그것은 대개 자신의 벌을
함께 지니고 있기 때문이다.

주니어스

허영은 다른 사람이 벌을 줄 필요가 없는 잘못이기에, 그것은 자체로 용서할 수 있는 잘못이다. 이를테면, 분수에 맞지 않게 사치를 부려 수백만 원을 주고 비싼 핸드백을 산다면, 자기 자신이 손해지 남이 피해를 보지는 않는다. 그 피해는 남에게 가하는 것이 아닌 스스로에게 가하는 것으로, 이는 자기 자신에게 내리는 벌이다.

---

vanity 허영, 덧없음, 허무 indeed 참으로, 정말로 venial 경미한, 용서할 수 있는 punishment 벌, 형벌

'네'라고 대답하라

The shortest answer is doing the thing.

Ernest Hemingway

가장 짧은 대답은 그것을 하는 것이다.
어니스트 헤밍웨이

그것을 해도 좋을지 아니면 안 좋을지, 긍정적인 면이 더 클지 아니면 부정적인 면이 더 클지, 다른 사람은 어떻게 생각할지, 향후 내 인생에 어떤 결과를 초래할지 등 당신을 혼란케 하는 여러 가지 가능성들이 있고, 당신을 망설이게 하는 많은 측면들이 존재한다. 그러나 복잡하게 생각하면 끝이 없고 이를 정해진 시간 안에 100% 생각만으로 해결하기는 불가능하다. 그럴 경우 과감하게 행동하기를 바란다.

answer 대답, 대응, 대답하다, 응하다

망설임을 떨쳐내라

Once you make a decision,
the universe conspires to make it happen.

Ralph Waldo Emerson

일단 당신이 결정하면, 우주는
그것이 일어나도록 함께 협력한다.
랜프 월도 에머슨

온 우주가 당신이 확실한 결정을 내리기를 기다리고 있다. 무엇을 망설이는가? 당신이 실천을 동반한 확고한 결정을 내리기만한다면, 눈에 보이는 그리고 눈에 보이지 않는 모든 우주의 사물과 사람이 당신이 결정한 바가 실현될 수 있도록 함께 협력할 것이다. 그렇기에, 일단 결정했으면 더 이상의 망설임 없이 혼신의힘을 다해 이를 실행하라.

decision 결정, 결심 universe 우주, 전 세계
conspire 함께 협력하다, 공모하다

올바른 삶에 대한 확신

He that takes truth for his guide,
and duty for his end, may safely trust
to God's providence to lead him aright.

Blaise Pascal

진리를 길잡이로 삼고, 의무를 목적으로 하는 자는
신의 섭리가 그를 올바르게
이끌고 있다고 안심하고 믿어도 된다.

블레즈 파스칼

당신은 어쩌면 지금 가고 있는 길이 옳은 길인지 아니면 그릇된 길인지 고심할 수 있다. 그런데 인류 역사가 발견해낸 진리를 길잡이 삼아, 인류에 대한 헌신을 이루는 것을 당신의 목표로 하여 현재를 살아가고 있다면 당신은 지금 옳은 길을 가고 있는 것이다. 더 이상 주저하지 말고 전진하며, 만약 실패가 계속되어도 결코 포기하지 말라.

---

guide 안내가, 길잡이, 안내하다 duty 의무, 임무, 조세, 관세 end 목적, 끝
safely 안전하게 aright 바르게, 정확히 lead 이끌다, 인도하다
providence 섭리, 하느님, 선견지명

행복의 깊은 맛

Happiness is a wine of the rarest vintage,
and seems insipid to a vulgar taste.

Logan P. Smith

행복은 하나의 희귀하고 오래된 포도주로,
저속한 취향에는 무미건조하게 여겨진다.

로건 P. 스미스

행복은 하나의 희귀하고 오래된 포도주와 같이 처음에는 무미
건조한 듯 느껴지지만 오랫동안 음미하면 그 깊은 맛을 알 수 있
다. 고귀한 취향이라면 당신은 일상적인 삶에서 행복의 맛을 찾
아내어 그것을 음미하고 감사하며 살아간다. 저속한 취향이라
면 당신은 일상적인 삶을 무미건조하다고 여겨 자극적인 삶만
을 행복의 원천으로 여길 것이다.

---

vintage 포도 수확, 포도주, (포도주 등이) 오래됨 insipid 무미건조한, 맛없는
vulgar 저속한, 통속적인

끝까지 진실을 붙들라

It's not hard to find the truth.
What is hard is not to run away
from it once you have found it.

Author Unknown

진실을 발견하는 것은 어렵지 않다.
어려운 것은 일단 당신이 발견한
진실로부터 도망치지 않는 것이다.

작자 미상

책을 읽다가, 길을 걷다가, 혹은 TV를 보다가 당신은 문득 당신의 가장 큰 문제가 무엇인지 깨달을 수 있다. 하지만 깨달은 진실로부터 도망치려 한다면 당신의 삶은 결코 나아지지 않을 것이다. 당신은 이 책의 명언들을 통해서도 깨달은 바가 분명히 있을 것이다. 도피하지 말고, 이를 당신의 미래를 바꾸는 계기로 삼기를 바란다.

---

run away 도망치다

지친 마음에 힘이 되는
하루 한 줄 공부명언 365

1판 1쇄 발행	2020년 9월 30일
2쇄 발행	2022년 6월 30일

지 은 이	최용섭
펴 낸 이	한승수
펴 낸 곳	문예춘추사

편 집	이소라
마 케 팅	박건원 김지윤
디 자 인	박소윤

등록번호	제300-1994-16
등록일자	1994년 1월 24일
주 소	서울특별시 마포구 동교로 27길 53, 309호
전 화	02 338 0084
팩 스	02 338 0087
메 일	moonchusa@naver.com

I S B N	978-89-7604-422-8 03190